Jean-Baptiste Say

Petit volume contenant quelques aperçus des hommes et de la société

essai

ISBN : 978-1518650901

10 9 8 7 6 5 4 3 2 1

Jean-Baptiste Say

Petit volume contenant quelques aperçus des hommes et de la société

essai

On a fait bien des écrits dans le genre de La Bruyère et de La Rochefoucauld ; on en fera beaucoup encore, et la matière ne sera pas épuisée. Quelle matière que l'homme et la société, nos goûts et nos travers, nos ridicules et nos vices, nos intérêts et nos actions !

L'expérience du monde ne se compose pas du nombre de choses qu'on a vues, mais du nombre de choses sur lesquelles on a réfléchi. Combien d'hommes, après de grands voyages et une longue vie, n'en sont pas plus avancés !

Quand on ne sait que ce qu'on a appris, on peut être un savant et un sot. Il faut de plus savoir ce qu'on a deviné.

S'élever à des considérations générales c'est, à la vue d'un fait, remonter à la loi dont ce fait n'est qu'une conséquence. Newton voit tomber une pomme : il rapproche ce fait d'un autre ; en calcule la marche ; et il en conclut la tendance des corps à tomber les uns vers les autres : de là la gravitation universelle. Socrate méprise Anitus ; Anitus fait périr Socrate : dès là vous déplorez cette loi de notre nature : les hommes ne pardonnent jamais le mépris.

Lorsqu'une fois on a pris l'habitude de généraliser facilement, et qu'on le fait avec un jugement passablement sain, on peut ensuite descendre de la loi générale à des faits particuliers même inconnus. C'est ainsi que Newton a prédit les aberrations des planètes qu'on n'avait pas encore observées de son tems ; et le tems a justifié les prédictions de Newton. C'est ainsi que la connaissance de la nature humaine, fait prévoir les aberrations des hommes, même avant qu'elles n'arrivent.

La fermeté de caractère, quand elle se trouve jointe à la faculté de généraliser, fait les hommes supérieurs. Ceux-là savent penser ; et en même tems ils savent agir.

À mesure que l'intelligence grandit, les considérations relatives aux personnes prises individuellement, frappent moins et les généralités davantage. Un enfant, un esprit peu cultivé, ne font attention qu'aux individus ; il faut être plus avancé pour s'intéresser aux masses. Chaque personne est un être réel qui frappe les sens ; tandis qu'une nation est un être de raison dont les maux, les besoins, l'opinion ne frappent que l'esprit.

Pourquoi les arrêts de la postérité sont-ils presque toujours justes ? Les hommes à venir auront-ils un meilleur jugement que les hommes de ce tems ? Probablement non. Mais ils seront désintéressés dans nos affaires ; ils auront notre instructions et nos idées, et les leurs par-dessus. Ils seront plus âgés et plus expérimentés que nous qui le sommes plus que nos ancêtres ; car ce ne sont pas les Grecs et les Romains qui sont à présent les anciens, les vieillards : c'est nous autres. Enfin la postérité a l'immense avantage de juger l'événement qui ne se trompe jamais. Aussi l'homme qui prévoit le mieux l'issue de chaque affaire, juge-t-il comme la postérité.

Quand on cite un fait comme étant la cause d'un autre, uniquement parcequ'il l'a précédé, c'est comme si l'on disait que les Romains ont fait la conquête du monde parcequ'ils consultaient les poulets sacrés.

Il faut de plus prouver rigoureusement que l'effet est lié à la cause.

Sur les frontières de la Suisse et de la Savoie, au pied dûment Salève, est un grand village nommé *Chène*, dont une moitié est catholique, et dépend de la Savoie, et l'autre moitié est protestante. Il y a peu d'années le feu prit à la partie catholique et menaçait de la consumer en totalité. Les habitans coururent à l'église et se mirent en prières. La partie protestante accourut avec des secours, et l'incendie fut éteint. Les catholiques attribuèrent l'effet à leurs prières ; les protestans à leurs secours.

Nous raisonnons souvent de la même manière dans de plus grandes affaires et de plus vastes incendies.

Je ne crois pas qu'il faille attacher trop d'importance aux petites causes. Elles amènent par fois de grands événemens ; mais c'est lorsque ces grands événemens sont mûrs pour arriver. Elles sont causes *occasionnelles*, et non pas*efficientes*. Un souffle fait tomber une poire ; il est cause de cet événement, si vous voulez ; mais ce n'est pas le souffle qui a produit la poire ; c'est la terre, le soleil, et le tems ; le tems ! Élément si important dans toutes les choses de ce monde !

Je conviens que de très petits événemens ont eu de graves conséquences ; mais ils sont plus rares qu'on ne croit, et agissent plutôt négativement que positivement. Certes si, au moment où Alexandre préparait son expédition contre la Perse, il eût avalé de travers une arête, et qu'il en eut été étouffé, il est probable que la conquête de l'Asie n'eût pas eu lieu. Dès-lors point de ces royaumes grecs fondés en Syrie, en Égypte, point de Cléopâtre, la bataille d'Actium n'eut pas été perdue par Antoine ; Auguste ne serait pas monté sur le trône du monde, etc. mais il serait arrivé des événemens analogues, parceque l'univers était mûr pour eux. Pascal ne me semble pas fondé à dire que si le nez de Cléopâtre eût été plus court, toute la face de la terre était changée. César lui-même se fut-il noyé en passant le Rubicon, Rome n'évitait pas l'esclavage ; Rome devait être gouvernée par le sabre parceque les Romains avaient été trop avides de triomphes militaire ; et si ce n'eût été par le sabre de César, c'aurait été par un autre.

Rien ne choque plus les gens médiocres que le mépris qu'ils vous voient faire de quelque usage reçu. Quel crime en effet de ne pas respecter ce qu'ils trouvent si respectable ! Cela leur fait trop sentir qu'ils n'ont ni l'esprit de penser par eux-mêmes, ni, en supposant qu'ils pensent, le courage d'agir d'après leur façon de voir. C'est leur reprocher leurs infirmités, c'est leur faire une mortelle injure.

Une des plus grandes preuves de médiocrité, c'est de ne pas savoirreconnaître la supériorité là où elle se trouve réellement.

Il y a une espèce de communion entre les gens d'esprit et de mérite. Ils se comprennent tout de suite. Certaines époques de leurs vies ont eu des rapports dès avant qu'ils se soient connus. Les hommes et les événemens, sans qu'ils aient eu besoin de se parler, leur ont inspiré des réflexions pareilles ; ils se retrouvent dans les livres, dans les mémoires laissés par quelques uns d'entr'eux. Les gens médiocres n'entrent point dans cette communauté, malgré tous les efforts qu'on peut faire pour les y admettre. Ils ne la comprennent pas : c'est une rêverie pour eux : ce n'est rien.

Le public demande à un écrivain dont il achète le livre, de lui donner du neuf ; et le public se fâche quand on lui donne quelque chose qui choque les idées reçues ; cette contradiction est sur-tout bien sensible en morale, où tout ce qui est reçu, est excessivement commun, et où tout ce qui ne l'est pas, quoique vrai, fait rejaillir un certain degré de blâme sur l'écrivain qui le hasarde.

Qui osera dire que les seules actions coupables sont celles dont il résulte quelque mal ; et qu'il n'y a de vertueux que ce qui est utile ? Qui osera le dire ? Ce ne sera pas moi.

Ce n'est pas une preuve de la vérité d'une opinion qu'elle soit généralement adoptée. Ce fut une opinion bien générale pendant un tems que les épreuves par le duel et par les élémens, qu'on appelait *jugemens de Dieu*, étaient la meilleure de toutes les jurisprudences, puisque Dieu qui est la justice même et qui est tout puissant, ne pouvait laisser condamner un innocent. Quel tribunal lisait mieux dans les cœur ? Quel plus intègre ? Quel plus indépendant de l'influence des homme ? Hé bien y a-t-il maintenant un seul homme dans les cinq parties du monde, qui veuille prendre la défense des jugemens de Dieu ?

La plus belle pensée, la plus neuve, la plus utile, n'obtiendront jamais en public autant d'applaudissemens qu'un lieu-commun de morale.

Pour n'être surpris de rien, il ne faut pas être moins sot que pour être surpris de tout. Si un certain fonds d'instruction et de réflexions est nécessaire pour comprendre comment une chose qui parait un prodige, n'est qu'une conséquence très naturelle de la nature des hommes ou des choses, dans d'autres circonstances il faut une profonde sagacité pour comprendre combien ce qui paraît tout simple, est au-dessus de la portée ordinaire des capacités humaines, ou enfin quel concours difficile de circonstances il a fallu pour produire un tel effet.

L'usage est la loi des gens médiocres, comme les proverbes sont la morale du peuple. Mais les proverbes valent mieux que l'usage.

Il ne laisse pas d'être humiliant pour l'homme qui a le plus d'esprit et d'instruction, de penser qu'il n'y a pas de sot qui ne puisse lui apprendre quelque chose.

Un écrivain qui veut se faire estimer long-tems et au-delà de sa vie, doit, outre le talent et les lumières, avoir de la conscience et de la probité ; car il lui est difficile, impossible peut-être, de les feindre longtems avec succès. Qu'arrive-t-il alors ? Il est méprisé avant le siècle révolu... que dis-je ? avant sa vie terminée. Il jouit de sa honte.

Le seul moyen d'inspirer de l'intérét aux autres hommes, c'est de paraître s'intéresser à eux. Mais ici le semblant n'est-il pas plus difficile que la réalité ; et peut-on paraître s'intéresser aux autres, si véritablement on ne s'y intéresse pas un peu ?

En écrivant ne portons pas de ces jugemens que la postérité puisse infirmer. Plus on a de mérite, et plus il faut y prendre garde : si votre nom doit rester, la tache restera. Boileau du fond de la tombe ne peut plus effacer ce qu'il a dit de Quinault. Il faut surtout se défier de l'entrainement de l'opinion dominante au moment qu'on écrit : elle exerce toujours plus ou moins d'influence sur notre manière de sentir ; excepté chez les esprits très élevés, dont l'horizon s'étend au loin.

L'auteur qui est homme du monde et convive aimable, est rarement connu de la postérité. Manque-t-il de connaissances, d'esprit, de talen ? Non sans doute ; mais le centre de ses combinaisons, c'est le goût de son cercle auquel il veut plaire. Remarquez qu'il en est ainsi même quand l'écrivain est homme de mérite, et sa cotterie célèbre par l'esprit et le savoir. Elle a toujours des intérêts, des affections, des opinions régnantes, que chacun de ses membres a perpétuellement en vue, et auxquelles il est impossible qu'il n'attache pas plus d'importance que tout cela n'en mérite. Mais le globe tourne ; la génération disparaît ; d'autres intérêts, de nouveaux rapports succèdent aux premiers. Voyez alors quel immense avantage a eu l'écrivain solitaire : il n'a reçu le reflet d'aucune lueur du moment ; il a observé, il a décrit, au moral ou au physique, la nature des choses qui ne change point, et qui intéresse toujours.

On peut dire au sujet de beaucoup de sociétés et de conversations :

C'est avoir profité que savoir s'y déplaire.

Lorsqu'un auteur dit que c'est pour le cercle étroit de ses amis qu'il écrit des vers sans prétention, et autres apologies de cette trempe, tout bas je réponds : Tant pis. Pourquoi écrire des choses qui ne valent pas la peine d'être lues, et si elles ne sont pas dignes du public, pourquoi en donner la préférence à ses amis ? À qui persuadera-t-on que lorsqu'on imprime c'est pour n'être pas lu ?

Les lettres de madame de Sévigné, en partant deux fois par semaine, se succédaient peut-être un peu trop rapidement. Cela ne laissait pas aux événemens importans le tems de se présenter ; et elle envoyait souvent à deux cents lieues des récits qui ne méritaient pas de passer au-delà du château voisin. Elle le sent elle-même ; elle dit : *Quand je relis mes lettres, je suis toujours tentée de les brûler en voyant les bagatelles que je mande.* Mais dans ces cas-là la forme valait mieux que le fonds ; un fonds léger fesait naître chez elle une foule d'idées, de sentimens, et la conduisait à des découvertes dans la nature humaine. Dès-lors tout devient important.

Montesquieu distingue dans la société deux sortes d'hommes : ceux qui amusent par opposition avec ceux qui pensent. Ah ! Montesquieu, pourquoi oubliez-vous la troisième et la plus nombreuse espèce ? celle qui ne pense ni n'amuse.

ALCESTE.

Je veux devenir un homme de bonne compagnie. Voyons ; que faut-il faire ?

PHILINTE.

Amuser, ne blesser aucun amour-propre.

ALCESTE.

Que faut-il de plus ?

PHILINTE.

Rien.

ALCESTE.

Vous plaisantez.

PHILINTE.

Nullement.

ALCESTE.

Un homme qui aurait malversé dans ses emplois, qui aurait sacrifié son pays par un vil intérêt, n'est certainement pas admis dans la bonne compagnie.

PHILINTE.

Pourquoi non, s'il a eu l'adresse d'esquiver le scandale, s'il est riche, s'il a a des titres, des plaques et des rubans ?…

ALCESTE.

Puisqu'il en est ainsi, vive la bonne compagnie pour faire le bonheur d'un pays !

Àndrophile a toujours procuré peu de divertissement à ceux qui ont essayé de le mystifier. Quel parti tirer en ce genre d'un homme qui regarde le monde comme une mystification perpétuelle, où les mystificateurs font, les uns le rôle de gens d'esprit, les autres celui de grands seigneurs, et tous le rôle d'honnêtes gens ?

Damis a lu un livre dont les idées lui ont paru neuves et justes ; Damis en convient ; il vante l'auteur comme devant faire autorité. Vous vous imaginez que Damis a adopté ces mêmes idées, qu'elles ont rectifié les siennes, qu'il en va faire la règle de ses discours, de ses actions… Il n'y a pas seulement songé ; l'instruction a passé au travers de sa tête ; rien n'est demeuré. Vous lui en faites l'observation : *Tout cela est bon pour les livres*, répondit-il — Têtebleu ! ce qui, dans les livres, n'est pas pour passer dans la pratique, n'est bon à rien.

La franchise de l'expression caractérise le grand écrivain et déplaît toujours aux esprits médiocres.

Quand la réputation de l'écrivain est bien consacrée, qu'elle impose, on s'en plaint tout doucement : *Montaigne heureusement est voilé par son vieux langage. — Voltaire aurait mieux fait, dans plusieurs de ses écrits, de parier moins nettement sur certains sujets. — J. J. Rousseau pousse quelquefois la franchise trop loin.* Mais avant que ces réputations fussent affermies, comme on aurait traité ces pauvres grands hommes ! ou plutôt comment ne les a-t-on pas traités ! Quel cynisme, quelle impudence ! Je ne sais s'ils n'ont pas été souvent des scélérats dont en bonne justice on devait débarrasser la société.

Tout auteur (j'entends de ceux qui écrivent d'après le monde et non d'après les livres) s'il est évidemment de bonne foi, et s'il a eu raison dans deux ou trois occasions, a le droit de n'être jamais jugé sans examen : car on n'a pas raison trois fois uniquement par hasard.

Il vaut mieux lire deux fois un bon ouvrage, qu'une-fois un mauvais.

Certains hommes qui ont des talens, du mérite, ne se plaisent que dans la société de leurs inférieurs, afin d'y briller. Mauvais calcul : en se frottant contre des gens d'esprit, on gagne toujours quelque chose ; en se frottant contre des sots, on dégénère.

Il ne peut s'établir de solide amitié entre deux savans, deux hommes de lettres, qu'autant que l'un et l'autre cherchent la vérité de bonne foi et avec quelque capacité. La vérité est un point unique qui les rapproche sans cesse. L'erreur est multiple ; et courant après elle, ils tirent chacun de leur coté.

Les seule amis solides sont ceux qu'on acquiert par des qualités solides. Les autres sont des convives, ou des compagnons, ou des complices.

Dans la conversation, pour convaincre, ce qu'il faut, ce n'est point de coordonner ses idées, d'en faire un système lié et gradué qui est le chef-d'œuvre de l'éloquence écrite. Il faut songer moins au sujet dont on parle, qu'aux personnes à qui l'on parle, tirer ses argumens des opinions de son interlocuteur et lui montrer, fût-ce par des sophisme, que ce qu'on veut lui persuader est la conséquence de sa manière de voir. La conversation exige de la ruse, parcequ'on n'y a presque jamais affaire qu'à des esprits étroits, personnels et prévenus. Dans les écrits au contraire, il faut dire de son mieux, être clair et franc, parcequ'on a pour juge le public impartial, et la postérité qui l'est encore plus.

N'avez-vous point de bonnes raisons à donner contre votre antagoniste ? tirez-vous d'affaire par un trait d'esprit, (si vous pouvez). Avez-vous tort ? donnez-lui un ridicule. — Voilà un précepte abominable. — J'en conviens. — Pourquoi le donnez-vous ? — Parcequ'il n'apprendra rien aux coquins et qu'il émousse leurs armes.

Règle générale : l'homme qui comprend une plaisanterie, a de l'esprit. Entend-il la plaisanterie ? il en a encore davantage.

La Rochefoucauld dit que l'hypocrisie est un hommage que le vice rend à la vertu. Ne pourrait-on de même dire de ces écrits où l'on s'efforce de prouver que les préjugés sont utiles, que ce sont des hommages que l'extravagance rend à la raison ?

Dialogue entre un Architecte et un Auteur.

L'ARCHITECTE.

Monsieur, vous avez écrit sur l'économie politique ; je présume que votre ouvrage est fort bon ; mais vous me permettrez de ne pas vous croire sur parole. Avant de lire votre livre, je veux étudier ce qui a été écrit avant vous sur le même sujet ; et juger ensuite si vous avez raison.

L'AUTEUR.

Vous faites bien, monsieur, de ne pas me croire sur parole ; je vous en loue hautement ; mais avant d'aller admirer le nouvel édifice que vous venez d'élever, je vous demande la permission de l'encombrer de terres et de gravois ; et après qu'il sera enseveli, je veux le dégager moi-même, afin de mieux juger de la beauté de ses formes et de la commodité de ses distributions.

L'ARCHITECTE.

Monsieur, ne pouvez-vous, dès-à-présent, en juger d'après votre goût et d'après l'usage auquel il est destiné ?

L'AUTEUR.

Ne pouvez-vous juger de mon livre, sur la seule autorité de votre raison et sur l'observation des faits ?

Ce ne sont pas les prédicateurs seulement qui prêchent d'une façon et qui agissent d'une autre : ce sont les philosophes, ce sont les littérateurs ; pourquoi ? Ils sont hommes avant d'être apôtres, penseurs, ou gens de lettres. Que de belles poëtiques précèdent de mauvais ouvrages ! Diderot n'a-t-il pas dit que *plus la vérité est impérieuse par elle-même, plus elle doit se montrer réservée*[1] ? Et quel écrivain a poussé plus loin le cynisme de l'expression ?

J'ai eu lieu de connaître un auteur de roman qui ne se piquait pas d'avoir un style correct, ni même élégant, ni de peindre avec vérité les mœurs et les caractères des hommes, ni de corriger leurs vices, leurs travers, toutes qualités dont il fesait peu de cas ; mais il se piquait d'avoir *beaucoup* d'imagination, car il disait qu'on en trouvait *un peu* dans ses ouvrages. Aussi était-ce la qualité qu'il prisait pardessus toutes les autres. Mais y avait-il réellement

1 Essai sur les règles de Claude et de Néron

de l'imagination dans ses romans ? Oh non ! L'imagination ne consiste pas à produire une foule de personnages et d'événemens ; il faut encore, quant aux événemens, avoir trouvé, sans longueurs, le moyen de les amener, de les rendre vraisemblables ; il faut qu'ils soient naturels sans être communs, intéressans sans déclamation, neufs sans bizarrerie, et tellement liée au sujet, qu'ils en fassent ressortir l'effet. Et quant aux personnages, il ne suffit pas que leurs caractères soient atroces ou divinement parfaits, ou qu'ils aient des goûts et des travers comme on n'en a point ; mais ils doivent frapper, par leur ressemblance avec la nature, être utiles à l'action, valoir la peine d'être peints, agir et parler conformément à leur caractère, à leur sexe, à leur âge, à leur profession. Quand il y a de tout cela dans un roman, les événemens fussent-ils simples, il s'y trouve de l'imagination, et celle-là seule est une qualité rare et précieuse.

Dans un auteur fécond, chaque situation, chaque fait rappelle une foule d'idées et de sentimens, et lorsqu'en même tems cet auteur a du goût et de l'art, ces idées, ces sentimens fortifient l'impression principale. Ainsi lorsque Camoëns dans la Lusiade, peint le départ de Vasco de Gama et de ses compagnons pour une navigation hasardeuse, il les représente préparant leurs ames à la mort par des prières, et accompagnés par de longues processions de religieux qui font des vœux pour eux. Il peint la foule qui remplit le rivage, des mères, des épouses, des soeurs. Il répète le discours d'une mère à son fils qui part, d'une épouse à son époux, d'un sage vieillard qui démêle les causes et les suites d'une si vaste entreprise, la vanité de la gloire, les désastres qui accompagnent les conquêtes. C'est plus que de raconter un embarquement.

Dans la peinture que Virgile fait du sac de Troie, lorsqu'Énée se rend au palais de Priam pour le défendre contre les Grecs qui l'assiégent, il y pénètre par une porte dérobée. Combien cette circonstance qui n'est qu'explicative de la narration, se trouve relevée par l'observation qu'il fait que c'était par ce chemin que, dans des tems plus heureux, Andromaque avait coutume de conduire Astyanax auprès de Priam ! À l'instant le lecteur fait un rapprochement de ces momens de tranquillité et de bonheur, avec les horreurs du massacre que décrit le poëte ; et cette pensée a quelque chose d'attendrissant, comme tout ce qui tient aux regrets.

Dans les pièces de théâtre, dans les romans, qui sont enfans de même lignage, on ne veut aucune scène, aucun trait qui ne serve à l'action. Les plus belles situations, les plus magnifiques tirades, les plus beaux vers, s'ils ne marchent au but, sont une tache, glacent le spectateur. Ainsi parlent Horace, Boileau et la raison. — La raison ! Et comment, s'il vous plaît ? Dans la nature que l'art se propose d'imiter, combien n'y a-t-il pas de paroles perdues ! L'imitation n'est pas parfaite, s'il n'y en a point de telles dans l'imitation. — Un instant : entendons-nous : le spectateur veut bien de l'imitation, mais il ne veut pas que tout y entre. Il faut lui donner non pas tout ce qui s'est fait, tout ce qui s'est dit ; non pas même tout ce qui s'est fait de beau et s'est dit de bien ; mais seulement les choses qu'il désire savoir, après lesquelles il soupire. Or quelles sont-elles ces choses ? Celles qui intéressent le personnage auquel il s'intéresse ; celles qui influent sur son sort. Voilà ce qu'il souhaite pour le moment, et non l'esprit de l'auteur, ses conceptions, et ses descriptions. Que si vous n'avez pas su rendre vos personnages intéressans, c'est encore pis.

Le style est à la pensée ce que la physionomie est à la figure. Il n'embellit pas une pensée fausse ; mais il rend plus vive, plus attrayante, une belle pensée. Les traits communs du visage peuvent être relevés par une physionomie heureuse ; de même une pensée vulgaire reçoit du lustre de l'expression. La bonne fortune par excellence est de pouvoir prêter de la vie à ce qui est beau, rendre piquant ce qui est estimable, et donner du charme à ce qui est neuf.

En lisant on veut que le langage soit harmonieux, même lorsqu'on lit seul, tout bas, dans son cabinet. L'harmonie de Racine enchante sans qu'on prononce les mots. On se représente, je crois, le plaisir qu'on aurait à les prononcer. Un style dur, sec et rocailleux au contraire, fait peur de la peine qu'on éprouverait à parler ce qu'on a sous les yeux.

Quand on voit un aussi bon esprit que Montaigne affirmer que la poésie française ne peut aller au-delà de ce qu'ont fait Ronsard et du Bellay, on peut pardonner à ces gens qui vont prêchant que nos devanciers ont tout fait en tous genres.[1]

C'est un triste avantage que la correction toutes les fois qu'elle ôte au style l'aisance, l'originalité, la concision. Les langues sont remplies d'incorrections consacrées. Du moment que Montaigne a dit : *Les* princes veulent aussi légèrement que nous, mais ils peuvent plus que nous, tout feseur de dictionnaire a dû mettre le mot *vouloir* parmi les verbes neutres aussi bien que parmi les verbes actifs. C'est aux grands écrivains à faire la langue et aux grammairiens à tenir registre. Mais pour qu'une hardiesse soit enregistrée, elle doit être heureuse et nécessaire.

Si c'est un grand secret de savoir sacrifier à propos les idées qui ont le moins d'importance, c'en est on non moins précieux de savoir sacrifier dans l'expression, tout ce qui n'est pas indispensable pour le sens. Rien ne donne au langage plus de hardiesse et de rapidité. L'esprit du lecteur est entraîné ; il suit avec plaisir un guide dont le char vole et lui fait découvrir en peu de minutes, une vaste étendue de pays et une multitude d'objets. L'auteur qui exprime tout, se traîne ; on ne le sent pas avancer ; on s'impatiente à ses côtés ; on voudrait le devancer ; on bâille ; on l'abandonne.

Un traducteur ne doit pas seulement entendre la langue qu'il explique ; il doit en sentir les délicatesses et les beautés. Comment nous donnerait-il l'équivalent d'une beauté qu'il n'aurait pas apperçue ? Il doit être bon écrivain dans sa langue, car il faut se faire lire ; il doit même avoir un talent assez souple, pour prendre des formes analogues à celles de son modèle, et savoir au besoin remplacer des expressions, des tours, des images, par d'autres plus convenables au génie de sa langue, et qui réveillent dans l'esprit des lecteurs, des sensations pareilles à celles que l'auteur original a fait naître chez les siens. Étonnez-vous après cela que les bonnes traductions soient si rares !

Sujet de prix pour une académie par quel moyen pourrait-on em-

1 « Quant aux Français je pense qu'ils ont monté la poésie au plus haut degré où elle sera jamais ; et aux parties (aux endroits) en quoi *Ronsard* et *du Bellay* excellent, je ne les trouve guères éloignés de la perfection ancienne ». Lit. II, ch. 17.

pêcher un mauvais traducteur de gâter un bel ouvrage, et un méchant écrivain de déflorer un sujet heureux ?

On entend dire quelquefois que le talent du style n'est que celui du verbiage, que l'essentiel est le fonds des idées. Cela paraît vrai ; cela paraît incontestable ; et cela est faux. Le même fait n'est plus le même fait, selon qu'il vous est transmis par un homme d'esprit ou par un sot, par un égoïste ou par une âme sensible ; ils en ont eux-mêmes été diversement affectés ; ils ont vu, dans la même chose, deux choses différentes. C'est pour cela qu'avec le même fonds, tel auteur paraît ridicule, ou bien fait bâiller, ou bien révolte ; et que tel autre intéresse, charme, attire. C'est Pradon ; c'est Racine.

Qu'un écrivain vulgaire vous dise : « Aux yeux des courtisans une grande fortune compense la bassesse de l'extraction, l'absence de toute éducation et de toute délicatesse », c'est fort bien ; voilà une idée commune revêtue d'une livrée commune. Mettez-la entre les mains d'un grand écrivain, il en fera ressortir la vérité, la gravera dans votre mémoire, fera sourire votre malice, et couvrira de honte ceux qui seraient tentés d'encenser trop effrontément la fortune ; enfin il vous dira : « Si le financier manque son coup, les courtisans disent de lui : C'est un bourgeois, un homme de rien, un malotru ; s'il réussit, ils lui demandent sa fille.[1] »

L'exagération dans les discours révèle la faiblesse, comme le charlatanisme décèle l'ignorance. Celui qui fait parade de ses forces, s'en défie.

Une louange sans délicatesse répugne même à celui qui en est l'objet, pour peu qu'il ait de goût et d'élévation : faut-il s'étonner qu'elle déplaise au lecteur indifférent ? Le public s'intéresse si peu à ceux qu'on loue, que la louange, à ses yeux, n'a de prix que par le mérite de l'exécution ; on approuve alors le talent de l'auteur, la manière dont il s'est tiré d'un pas difficile, dont il a relevé par la forme l'insipidité du fonds.

On veut aussi de la délicatesse dans la censure. Une épigramme grossière révolte. On pardonne aux ruses d'un athlète qui embar-

1 La Bruyère.

rasse adroitement son adversaire pour le renverser : on est indigné s'il l'assomme.

Je dirais volontiers de la plaisanterie comme de la musique : un peu fait plaisir, quand elle est bonne ; davantage fatigue ; et ces deux divertissemens trop prolongés, excèdent.

La musique où il n'y a pas de chant, n'est que du bruit qu'on fait en mesure. Mais la musique la plus chantante, la plus belle, la mieux exécutée, fatigue toujours au bout de quelque tems... du moins ceux qui l'écoutent. À une soirée on l'on fesait d'excellente musique, mais un peu trop prolongée, quelqu'un s'adressant à une femme connue par son esprit, lui dit : N'êtes-vous pas ravie ?... — Ravie ? Non, pas précisément, répondit-elle, mais je prends mon plaisir en patience.

La plus belle ode n'apprend rien et n'amuse guères. C'est la sonate de la littérature... Qu'est-ce donc quand elle est mauvaise !

Un savant est un homme qui sait de la chose dont il s'occupe, tout ce qu'on peut eu savoir au moment présent, qui est celui où les connaissances humaines sont le plus avancées. Un érudit sait ce qu'on en savait quand elles étaient au berceau.

Entre un penseur et un érudit il y a la même différence qu'entre un livre et une table des matières.

Voyez ce mathématicien : il n'a jamais fait un mauvais calcul, et n'a pas une idée juste. Il tire toujours des conséquences rigoureuses d'un principe faux. Il calcule bien sur des observations mal faites. La géométrie ne fournit pas la matière du calcul : c'est l'observation ; et les qualités de l'observateur ne sont pas les mêmes que celles du calculateur. Pour arriver à la vérité, l'essentiel est de voir les choses, fondement de tout calcul, non telles qu'on les souhaite, mais telles qu'elles sont, au moral comme au physique. Calculez ensuite ou raisonnez là-dessus, si cela vous amuse : vous pourrez encore vous tromper ; mais vous n'aurez pas commencé par là.

On est un grand géomètre et l'on a l'esprit faux, par la raison que l'esprit le plus tortu fait sans erreur une règle d'arithmétique. Aussi le grand mérite de Pascal et de Newton, n'est pas d'avoir été de profonds mathématiciens ; maisd'avoir été essentiellement judicieux, et ensuite d'avoir su calculer.

Ne commencez pas un discours public avec trop d'assurance : cela indispose. Il ne faut pas non plus le commencer avec trop de modestie : cela vous ferait mépriser. Montez à la tribune, si tribune il y a, avec la noble assurance d'un homme sûr de ses propres intentions et ne se permettant pas de suspecter celles des autres ; incertain du succès, mais certain, quoi qu'il arrive, d'avoir obéi à ses devoirs et de n'avoir rien dit contre sa conscience. Ensuite, lorsque la matière vous y convie, soyez insinuant, sévère, animé, fier ; soyez tout ce qu'il vous plaira d'être : on n'attribuera plus le sentiment qui vous anime, qu'à l'influence de votre sujet qui vous maîtrise, et l'on ne vous saura plus mauvais gré de rien.

Vous vous plaignez de ces auteurs qui n'ont qu'à moitié raison ; qui accordent au préjugé les mêmes égards qu'au bon sens ; mais dont les intentions sont pourtant droites et qui ont l'air de savoir à-peu-près tout ce qui a été dit de bon. Ayez patience, grands génies. Ne vous fâchez pas contre une espèce non moins utile que la vôtre. C'est d'échos en échos que la vérité descend sur le vulgaire. Vous est-il arrivé par hasard d'écouter un savant qui s'efforçait de faire comprendre ses intentions à des ouvriers ? Avez-vousobservé ces pauvres gens, la bouche béante, avides de saisir un sens qui leur échappait. Si l'un des leurs alors est venu et s'est mis à traduire en leur langage, l'explication du grand homme, l'interprète ignorant l'a fait entendre tout de suite. Vous épouvantez les gens à idées communes ; tandis que les auteurs médiocres s'accommodent à leurs habitudes. Les vues faibles sont éblouies de vos lumières : elles tremblent d'en être brûlées ; elles aiment à être guidées par des fallots.

Idée fixe : démence.

Parti pris, à certains égards, de manière à ne pouvoir plus consulter la raison : préjugés.

Jugement libre sur tous les points : sagesse.

Qu'est-ce qu'un charlatan ? C'est un homme qui monte sur des tréteaux pour faire acheter sa drogue… — Monsieur, cette pensée est trop hardie ; il faut la supprimer : on va dire que par *tréteaux* vous entendez une académie, une tribune, une chaire, toute espèce de situation élevée d'où l'on peut parler haut et se faire, entendre au loin.

En affaires politiques, il y a deux manières de tirer parti de son talent : les uns cherchent à se faire acheter ; les autres à servir loyalement la chose publique. Le premier moyen est le plus expéditif ; le second est le plus honorable ; peut-être, à tout prendre, est-il le plus sûr.

Il y a des écrivains qui voudraient bien avoir le sens commun pour n'être pas sifflés par les penseurs, et qui pourtant voudraient défendre les préjugés pour prendre part à la curée. Leur embarras est quelquefois risible. Quand les tems sont bons, le public se moque de ces auteurs-là ; quand les tems sont mauvais, ce sont eux qui se moquent du public.

Écoutez cet homme-ci : « Quelle plus belle profession que celle des armes ? C'est celle où se développent peut les plus nobles facultés de l'homme : le courage, la sagacité, la prévoyance. C'est la plus naturelle de toutes : l'homme de la nature ne cherche-t-il pas toujours à attaquer ou bien à se défendre ? Dans l'état social, c'est le militaire qui fait la destinée des empires. Les fonctionnaires civils mettent leurs talens aux gages de ses volontés. *Mon courage et mon épée*, quelle plus noble devise ! Elle gouverne le monde ; elle commande ses hommages et même son estime. C'est là qu'est la source de toute grandeur, de toute principauté. Et quels plus beaux exemples de dévouement, de magnanimité, de constance, de générosité, de grandeur d'ame, que ceux que présente l'histoire militaire de tous les pays !... »

Écoutez cet autre : « Quel plus affreux métier que celui de la guerre ! que celui qui met de coté le bon droit, la justice, et fait tout dépendre de la force ! qui fait consister l'honneur et la gloire non pas à édifier, mais à détruire. La terreur précède le soldat ; la désolation marque son passage. Incapable de rien produire, il vit aux dépens des producteurs. C'est l'agriculture et l'industrie qui le nourrissent, et il en est le fléau. Le chef militaire n'est qu'un brigand plus heureux ou plus adroit que les autres, qui arrache aux mères leurs enfans, et aux enfans leurs pères pour les pervertir et en faire des brigands comme lui. Il ravit les biens des nations par le moyen de ses satellites, et paye ses satellites avec le bien des nations. Nulle loi, nulle organisation sociale devant sa volonté. Pouvoir militaire, pouvoir absolu, pouvoir inique, c'est la même chose. »

Dans ces deux suites de propositions opposées, il n'y en a pas une qui ne soit vraie et ne puisse être rigoureusement prouvée. Il ne s'agit que de peser leur importance et de porter un jugement. Mais le moyen de juger si l'on ne veut voir qu'un des côtés de la question ; ou seulement si c'est le même avocat qui présente les deux plaidoyers pour affaiblir l'un et faire valoir l'autre selon son intérêt !

Dites maintenant tout le mal qu'il vous plaira de la liberté de la presse. Sans elle il est impossible de savoir ce qu'on fait.

Le public est un juge qui n'entend jamais que les avocats d'une seule cause, parcequ'il a la bêtise de laisser à ces avocats le pouvoir d'imposer silence à leurs adversaires.

On a toujours voulu regarder la liberté de la presse comme un avantage au profit de ceux qui écrivent ; ce n'est pas cela du tout. Elle est entièrement dans l'intérêt de ceux qui lisent ; car ce sont eux qu'il s'agit de tromper ou de détromper.

C'est une chose qui m'a toujours semblé une insulte au public, que ces discours d'apparat, où un orateur prononce en termes ronflans, le contraire de ce qu'il pense, devant une assemblée qui sait le contraire de ce qu'il dit. Expliquez-moi comment ce public imbécille peut digérer sans avoir l'air d'en être trop incommodé, des bassesses auxquelles il a l'air de prendre part, des mensonges qu'il ne peut contredire, et des sottises qu'il ne lui est pas permis de siffler.

Tous les gouvernemens, sans exception, les mauvais comme les bons, affectent les intentions les plus pures, les plus généreuses, les plus grandes. On fait des dilapidations en parlant d'économie, des guerres en protestant de son amour pour la paix, des spoliations par respect pour la justice, et des actes arbitraires au nom des lois. Aussi, je le vois, vous ne croyez plus à ces belles enseignes. Vous n'entrevoyez aucun moyen de juger de l'honnêteté du pouvoir. Cependant il en est un ; il est même infaillible. Rappellez-vous le vieux proverbe :*Dis-moi qui tu hantes, je te dirai qui tu es.* Faites-y un léger changement, un mot… Vous n'y êtes pas ? — Non. — *Dis-moi qui tu places…* Ah ! vous y êtes.

Les mauvais gouvernemens sont enduits d'une espèce de glu à laquelle viennent s'attacher l'avidité, la délation, le mauvais sens, tous les vices, et qui inspire un insurmontable dégoût aux bonnes intentions, aux vues droites, à la saine raison. Qu'arrive-t-il ? Les mauvais gouvernemens se font mépriser et haïr ; mais ils ont pour eux les méchans, qui sont plus maniables, moins scrupuleux. Je me suis hasardé, une fois, de reprocher à Napoléon qu'il dépravait la nation. Rien ne peut rendre la finesse du dédain avec lequel il me répondit : *Vous ne savez donc pas encore que l'on gouverne mieux les hommes par leurs vices que par leur vertu ? Où cette prétendue habileté l'a-t-elleconduit ? Quel est l'avantage d'avoir pour soi les pervers ou ses sots dont le règne n'a qu'un tems, parceque tout l'ébranle ; et d'avoir contre soi le bon sens, les lumières et la bonne foi ? dont chaque nouvelle circonstance avance l'autorité, et dont le règne est le plus inébranlable, parcequ'il est fondé sur l'intérêt du plus grand nombre ?*

Les femmes et les princes prétendent toujours qu'ils aiment la vérité. Allez la leur dire, et vous verrez ce qui en est. Aussi le plus mince apprentif dans l'art de faire sa cour, sait-il qu'il ne faut jamais dire que des vérités agréables. Cet art-là près des femmes a peu de danger ; leurs bienfaits ne font point de misérables ; mais à la cour c'est toute autre chose ; et c'est ce qui fait dire à Rabelais : Pourquoi, diable, avez-vous une cour ?

C'est quelque chose d'assez niais que de faire l'éloge de la nature, de la belle, féconde, variée, majestueuse nature. La nature est ce qui est ; c'est ce qu'il y a de mal comme ce qu'il y a de bien ; en faire l'éloge c'est faire l'éloge d'une bruière comme d'une verte prairie, de la pluie comme du beau tems, de la petite vérole comme d'une belle femme. Que ces auteurs donc qui, d'un parti pris, veulent vanter les ouvrages de la nature par opposition à ceux de l'art, ne disent pas : *La nature fait bien et l'art ne sait que la gâter* ; mais qu'ils disent : *Il y a de belles et bonnes choses dans les ouvrages de la nature*, et qu'ils me laissent penser, si cela m'amuse, qu'il y en a aussi de belles et bonnes dans l'ouvrage de l'art.

Quelle charmante imagination que le jardin d'Éden et qu'il est préférable à l'Élysée des Grecs ! Celui-ci choquait toutes les vraisemblances. Il fesait partie des enfers, des lieux inférieurs ; on n'y pénétrait qu'en s'enfonçant sous la terre ; et pourtant (conception baroque !) on y retrouvait un air pur, un ciel serein. Point d'autres habitans que des ombres, des vapeurs. Les honnêtes gens y goûtaient le repos ; mais qu'est-ce que le repos s'il n'est précédé de la fatigue ? C'est l'oisiveté, c'est l'ennui, un supplice. Le bonheur est de posséder des facultés et de les exercer avec succès. L'Éden dés Hébreux était bien plus séduisant. Tout de que la terre présente de variété et de beautés s'y trouvait réuni. Les animaux que nous sommes obligés de regarder à travers des grilles, venaient s'y faire caresser. Bienveillance universelle, félicité égale soit qu'on la sente, ou bien qu'on l'inspire ! travail modéré de rassembler des fruits, de traire les troupeaux, suffisant pour se nourrir avec volupté, pour se reposer avec délices. Tous les biens s'y trouvaient jusqu'à l'amour qui les vaut tous. Milton en homme habile a deviné le parti qu'on pouvait tirer de tout cela.

Le jeu, la chasse, et l'amour rapprochent les conditions et les égalisent. Cette remarque a déjà été faite ; mais a-t-on remarqué que les amours, la chasse, et le jeu égalisent aussi les esprits. Le but qu'on s'y propose, est à la portée des plus médiocres. Ils n'y ont aucune infériorité. Les animaux mêmes nous y donnent des leçons.

Les Anglais ne font jamais de complimens aux femmes. Ils les aiment, comme on fait par-tout, parcequ'il est impossible de ne pas les aimer ; mais enfin ils ne leur font pas des complimens qu'ils taxent de faussetés prétentieuses, et ils sont très fiers de cela. Ils ne sentent pas que si le compliment n'est pas une vérité, il annonce du moins le désir de plaire, et ce désir est toujours flatteur pour celle qui en est l'objet. Les complimens qu'on adresse aux femmes, sont comme les civilités que se font entr'elles les personnes bien élevées. Ils remplacent le sentiment, comme lès civilités remplacent la bienveillance et le respect. Ils sont l'image d'une disposition qui flatte ; et comme on ne les prend que pour ce qu'ils valent, il y a dans ce commerce peu de danger et beaucoup d'agrément.

La Sunna ou tradition orale de Mohammed, recommande, par trois fois, de traiter les femmes avec indulgence. C'est une des meilleures choses qu'il y ait dans la Sunna, où l'on en trouve beaucoup de bonnes.

Les femmes sont l'*Alpha* et l'*Omega*, le commencement et la fin. Quel homme n'a pas commencé et fini par elles, sans parler du reste.

L'amour et l'objet aimé sont tout pour une femme qui aime. Dans un jeu où elles mettent tant du leur, elles exigent beaucoup. Si l'homme qu'elles aiment si bien, avec tant d'abandon, s'occupe de quelque chose qui ne soit pas elles, il estindiffèrent, il manque de confiance ; c'est un égoïste, un ingrat : on le méprise, on le déteste. Aussi voit-on souvent les hommes embarrassés de l'amour qu'on a pour eux.

Les femmes aiment par-dessus tout à être amusées. Elles vous tiennent peu de compte de ce que vous faites pour leur utilité ; mais elles sont prodigieusement reconnaissantes des frais que vous faites pour leur plaire.

Que de misères dans l'amour malheureux ! Penchans contrariés par la fortune, par l'ambition, par la religion ; des enlèvemens ; des fils déshérités ; des femmes infidèles ; des jalousies ; des querelles ; des perfidies ; des vengeances !...

Que de misères encore dans l'amour heureux ! Des enfans à élever, à établir ; quelquefois à perdre ! le déchirement des séparations ; les torts de la fortune, qui souvent frappe des êtres chéris ; l'uniformité ; l'ennui !...

Hé bien, avec tout cela, il n'y a rien de si charmant que l'amour... même l'amour malheureux.

De quelque manière qu'on habille cela, au village, à la cour, il y a toujours dans l'homme quelque peu de la bête féroce, et dans la femme quelque chose de l'animal domestique. — Cette vérité ne laisse pas d'être grossière. — J'en conviens ; aussi j'ai soin de la dire entre nous.

L'amour maternel sans doute était nécessaire pour faire supporter aux mères les soins rebutans que réclame la première enfance ; mais c'est un sentiment bien aveugle ! Une mère satisfait aux caprices de son enfant avec le même dévouement qu'à ses besoins réels, et lui fait plus de mal en le gâtant, qu'elle ne lui a fait de bien en lui donnant l'existence et les soins qui l'ont soutenue ; inférieures en ce point aux femelles des animaux qui favorisent le développement de leur progéniture, mais l'abandonnent à aile-même du moment qu'elle peut se livrer avec avantage à l'exercice de ses facultés.

La galanterie, que je ne confonds pas avec l'amour, est un jeu où tout le monde triche : les hommes y jouent la sincérité, les femmes la pudeur, et chacun se trompe ; mais il faut que la volonté du ciel soit faite.

Les hommes ont presque toujours quelque penchant pour un animal ou pour un autre. Les uns chérissent les chevaux, les autres aiment les chiens, d'autres les oiseaux : je ne sais qui a fait la remarque que ceux qui aiment les chats, se distinguent aussi par leur philantropie. On serait tenté au premier abord de prendre cela pour une plaisanterie ; mais j'ai connu plusieurs exemples qui confirment cette observation ; il faut donc qu'elle ait quelque fondement.

En observant les hommes et leurs divers caractères, on en voit qui ne se plaisent qu'au commandement et à la domination. Ils veulent que les goûts, les besoins des autres, cèdent toujours à leurs vues personnelles ; et ils sont en état d'inimitié, de guerre même, avec tous ceux qui leur résistent, qui veulent seulement conserver leur indépendance. C'est-à-dire qu'ils sont en guerre avec l'humanité presqu'entière ; car parmi les autres hommes, il n'y en a qu'un petit nombre qui soient assez indifférens ou assez timides pour renoncer volontairement à aucun de leurs droits. Quand je dis qu'ils sont en guerre avec l'humanité entière, je ne prétends pas que ce soit en guerre ouverte : nous voyons tous les jours que tantôt par prudence, tantôt par lâcheté, tantôt pour attendre le moment d'attaquer avec avantage, les hommes cèdent à une prépondérance qu'ils détestent ; ils la servent ; ils la flattent, jusqu'au moment où ils peuvent réussir à l'usurper à leur tour ; c'est la même espèce qui sait ramper et qui aspire à dominer.

Ce caractère selon moi fait les misantropes, les haïsseurs de l'espèce humaine ; car de donner ce nom à ceux qui, comme l'Alceste de Molière, fuient les hommes donc ils sont mécontens, et les laissent tranquilles, c'est une injustice.

Un autre caractère relativement aux qualités sociales, est celui qui sans vouloir sacrifier sa propre indépendance, ne sent pas le besoin d'empiéter sur celle des autres ; qui trouve fort bon que chacun ait ses goûts et veuille les satisfaire ; ait ses opinions et s'efforce de les soutenir ; qui n'est point blessé qu'un autre homme cherche son bien-être à sa manière, pourvu qu'il respecte l'indépendance de ses semblables. Ce caractère forme les véritables philantropes.

Maintenant observons quels animaux peuvent convertir à ces deux caractères généraux, quels inférieurs doivent être préférés par eux ? Ne pensez-vous pas que l'homme qui cherche des esclaves doit s'accommoder de préférence du chien, animal rampant qui n'emploie les facultés dont le ciel l'a doué, qu'au service d'un maître ; qui se soumet aux caprices et lèche la main de l'injustice comme celle de la bienfesance ? Ne trouvez-vous pas que l'autre caractère peut seul s'accommoder de l'indépendance, de l'égoïsme du chat, animal qui n'est point malfesant quand il n'est pas poussé à bout par la faim ou par les mauvais traitemens, mais qui conserve l'indépendance de ses goûts plus que tout autre domestique ?

Buffon fait un crime au chat d'*aimer ses aises, de chercher les meubles ses plus mollets pour s'y reposer et s'ébattre* ; c'est tout comme les hommes ; de*n'être sensible aux caresses que pour le plaisir qu'elles lui font* ; c'est encore comme les hommes ; d'*épier les animaux plus faibles que lui pour en faire sa pâture* ; c'est toujours comme les hommes ; d'être *ennemi de toute contrainte* ; c'est comme les hommes encore.

Partant il faut avoir bien de la philantropie pour aimer les chats.

C'est à juste titre qu'on a fait chez les enfans de la docilité une vertu. En effet quand on n'a ni l'expérience, ni le jugement formé ; qu'on n'a presque rien appris, rien éprouvé, et qu'on ne peut presque rien prévoir, qu'a-t-on de mieux à faire que de s'en rapporter à cens dont le tems a été le maître ? Louis XIV, dans les mémoires qu'il fit pour l'instruction de son fils, lui dit, parmi beaucoup d'autres bons conseils : « Si vous n'écoutez pas les ordres de ceux que j'ai préposés pour votre conduite, comment suivrez-vous les conseils de la raison quand vous serez votre maître ? »

Le meilleur traitement pour les aliénés et la meilleure éducation pour les enfans, sont fondés sur les mêmes principes. Les enfans comme les fous, ne jouissent pas de toute leur raison ; il faut leur faire sentir qu'ils ont besoin d'être conduits et qu'on ne veut pas être victime de leur démence. S'ils veulent s'affranchir il faut qu'ils sachent qu'ils n'y parviendront qu'en apprenant à raisonner, c'est-à-dire à lier les causes et les effets, à savoir d'où provient un fait et quelles en seront les conséquences. Guérir la folie, c'est une éducation à refaire. Faire une éducation, c'est donner de la raison à un insensé. La dernière besogne est la plus facile, parceque la faiblesse de l'enfance nous en rend maîtres plus aisément ; chaque jour l'instrument du raisonnement se fortifie et se perfectionne, et par là seconde les efforts de l'instituteur. Dans l'un et l'autre cas, il convient de faire marcher de front le traitement physique et le traitement moral.

Je le vois d'ici, Damoclète : vous êtes fier de l'éducation que vous donnez à vos enfans ; vous vous applaudissez de leur avoir caché la perversité des hommes ; vous croyez les avoir laissés purs : j'ai peur… — De quoi ? — Que vous ne les ayez rendus niais. — Ho ! — Savez-vous ce qui donne tant d'avantages à l'intrigue pour surprendre la bonne foi des honnêtes gens ? C'est votre principe d'éducation. Il fait la joie des charlatans. Je vous estime heureux même si quelqu'un de vos enfans se trouve avoir un caractère assez ferme pour ne pas se dire à une certaine époque : *Mon père a fait de moi une dupe. Je croyais à la bonne foi ; il n'y en a point sur la terre. Bien fou qui ne fait pas comme les autres.*

Ne vous méprenez pas sur mes Intentions, Damoclète. Je ne vous dis pas :*Enseignez le vice*, mais ne le dissimulez pas ; pour qu'il séduise il faut y être plongé : il n'est pas aimable lorsqu'il est vu de dehors, Montrez-le avec toutes ses conséquences et toutes ses difformités, mais sans le calomnier : on vous soupçonnerait plus tard d'avoir chargé le tableau et l'on ne croirais plus la vérité elle-même. Pourquoi ne faites-vous rien connaître à vos enfans de vos soupçons et de vos découvertes, des précautions que vous prenez contre la mauvaise foi, la cupidité, la corruption des hommes ? Pouvez-vous enseigner quelque science plus utile et d'une plus constante application ?

Manquer d'égards dans les relations sociales est le signé presque certain d'un défaut d'éducation, car la bonne éducation enseigne à étudier les convenances d'autrui. C'est pour cela qu'on a des égards bien souvent, non par intérêt pour les autres ; mais par respect pour soi-même et pour se faire considérer.

Quand on ne désirerait pas l'aisance pour son propre bien-être, on devrait la désirer par vertu. La pauvreté engendre presqu'autant de vices que l'oisiveté ; et il faut pour se conduire toujours bien, un certain respect pour soi-même, une certaine conscience de sa force, une certaine indépendance d'esprit qui ne se rencontrent presque jamais avec le besoin. La Bruyère en peignant son homme indigent, à qui d'ailleurs il accorde du mérite, en fait un menteur.

On fait un legs à son confesseur à son directeur de conscience, ou bien à ceux qu'ils indiquent ; on n'en fait point à l'auteur d'un livre utile, ou d'une découverte importante. Ce n'est pas merveille : l'auteur, le savant, l'homme utile est dans son cabinet, dans son laboratoire, il s'occupe : le directeur de conscience est dans le confessionnal, au coin du feu, au chevet du lit. Il faut qu'un moribond ait une ame bien noble et bien élevée pour songer au mérite utile, et pour mettre du prix à laisser une mémoire en vénération hors de la sphère étroite des parens et des amis.

Les philosophes moralistes paraissent croire que l'amour de soi, l'intérêt, dirige les actions des hommes plus que ne le fait l'amour propre, la vanité. Je pense au contraire que la vanité exerce sur eux plus d'empire, généralement parlant, que l'amour de soi. Il suffit d'observer dans combien de cas les hommes agissent par vanité d'une manière opposée à leurs intérêts, depuis l'enfant qui blessé d'une mortification qu'on lui a fait essuyer, boude contre son ventre, jusqu'au potentat à qui l'on fait faire tant de sottises en le flattant, et qui détruit son pays, c'est-à-dire le fondement de sa puissance, pour se venger d'une insulte de gazette.

Que ne fesons-nous pas pour la satisfaction de notre vanité, de ce rien important, pour lequel Curtius se précipita dans l'abîme, et tant de fanatiques dans les flammes ?

Vous vous plaignez que chacun n'écoute que ses intérêts ; je m'afflige du contraire. Connaître ses vrais intérêts, c'est le commencer ment de la sagesse ; avoir le courage de les suivre, en est le complément.

Un des plus heureux effets que l'humanité puisse éprouver du progrès des lumières, est de pouvoir apprécier plus justement à quoi se montent les déplorables succès du vice et du crime. Un calcul superficiel peut faire penser qu'il y a quelqu'avantage à manquer à sa parole quand on peut le faire impunément, à opprimer la faiblesse et le bon droit, etc. On voit en effet quelques hommes parvenus au faite de la fortune par ces honteux moyens ; mais ici comme dans beaucoup de cas on est frappé des succès parcequ'ils sautent aux yeux, et on ne l'est pas des revers, des inconvéniens, des maux, qui ont accompagné une conduite coupable. Les punitions éclatantes qui malheureusement sont rares, ont seules frappé ; les punitions secrètes ont échappé, sans être moins réelles. Or une plus juste appréciation des choses, montre je crois que, tout compensé, et si l'on met en ligne de compte à la charge d'une mauvaise conduite, outre les punitions directes qu'elle attire quelquefois, la mauvaise réputation qu'elle donne, les portes qu'elle ferme à la fortune et aux jouissances de la vie, les soucis, les tracas, qu'il faut se donner pour cacher ce qui ne doit pas être su, défendre ce qui peut être attaqué, se mettre à couvert enfin, et les risques de ne pas réussir ; si l'on compare, si l'on pèse en somme tous les heureux et tous les mauvais résultats du vice et du crime avec les bons, je n'hésite pas à prédire que l'on trouvera ce dernier bassin plus léger, beaucoup plus léger que l'autre, et qu'à tout prendre, lorsqu'on s'engage dans un mauvais sentier, on fait tout simplement un mauvais calcul. Il y a plus de chances défavorables dans le vice que dans la vertu.

On peut définir le vice : le sacrifice de l'avenir au présent.

Toute la morale est dans ce vieux proverbe : *Qui mal veut, mal lui arrive.*

Un loup, je ne sais pas trop comment, eut un chien pour ami. Ils firent route ensemble et devisèrent assez franchement, car les loups même ont leurs instans de bonhommie. Mais à toute minute la conversation s'arrêtait : au moindre bruit, quand une feuille tombait, quand l'ombre d'un oiseau venait à passer, mon loup dressait son oreille effrayée. Toujours il se préparait au combat ou bien à la fuite. « Quelle mortelle inquiétude t'agite, lui dit le chien ? Je ne te vois pas «un instant de repos. Marchons tranquillement et libres de soucis. — Je ne le puis, lui répondit l'animal féroce ; j'ai pour ennemi «tout le monde. — Ah ! je comprends : tu ne sais faire que du mal. »

Combien d'hommes ont des opinions sans qu'ils puissent dire pourquoi, ni comment ? Hé bien, ces opinions, telles quelles, ils y tiennent avec opiniâtreté. Est-ce par conviction ? Ils le disent ; peut-être qu'ils le croient ; mais c'est tout simplement par vanité. On ne recherche pas la vérité des faits, on ne fait pas des raisonnemens, pour vérifier si l'on s'est trompé ; mais seulement pour prouver qu'on a eu raison. On s'embarrasse peu du fonds de la question ; ou ne veut pas en avoir le démenti : voilà tout. C'est pour cela qu'on soutient des procès, qu'on se fait brûler, qu'on bouleverse le monde. L'intérêt, tant calomnié, ne nous fait pas faire de si grosses, de si dangereuses sottises que la vanité, qu'un philosophe de nos jours a nommée un vice anti-social. L'intérêt d'un homme n'est pas toujours, et même n'est pas souvent, en opposition avec l'intérêt d'un autre homme. Toutes les professions utiles sont profitables à ceux qui les exercent et à ceux pour qui elles sont exercées ; mais la vanité d'un homme, est nécessairement en opposition avec la vanité d'un autre, parceque l'un ne peut dominer, que l'autre ne se soumette.

On favorise la jeunesse ;

Mais avec l'âge mûr on agit de rigueur.

C'est encore dans cette malheureuse vanité humaine qu'il faut chercher la cause de cette disposition. Avec les jeunes gens, on est dans une attitude de protecteur, on donne des avis, on est bien aise que le succès les justifie. On compte sur leur reconnaissance. Les hommes faits en sont moins susceptibles ; on se dit en soi-même qu'ils supposeront un motif intéressé à vos plus nobles actions. On n'est pas fâché en secret de l'échec éprouvé, de l'humiliation encourue par un être avec qui l'on va de pair, qu'une sorte de rivalité rend votre émule, et quelque peu votre ennemi.

Ce sont d'affligeantes vérités, j'en, conviens ; mais pourquoi l'homme a-t-il été fait ainsi ? Le mal n'est pas de le dire, mais d'en éprouver les fâcheux effets. Si le physiologiste en décrivant les débiles viscères de l'homme, en déguisait les infirmités, en serions-nous plus avancés ? saurions-nous mieux prévenir nos maux ou les guérir ?

On s'endurcit contre l'indifférence et l'injustice des hommes de même qu'on s'endurcit contre le froid. Mais le froid poussé trop loin cause la mort.

Quelle sotte, imparfaite, insuffisante morale que celle qui veut contrarier la nature de l'homme et des choses ! Le vrai moraliste est celui qui ne travaille pas contre nature. Le Créateur a donné à l'homme une incurable vanité ; voilà une chose de fait ; nous n'y pouvons rien. Si le moraliste cherche à rabaisser et à détruire cette vanité, elle se reproduira jusque dans les austérités du moine et du talapoin. Mais s'il arrange les choses de manière qu'on la place à bien remplirses devoirs envers ses concitoyens et sa famille, à tenir ses engagemens avec scrupule, à ne pas dépenser plus qu'on a, à se tenir propre de sa personne, à donner un aspect riant et soigné à son habitation, quel bien n'aura-t-il pas fait au pays ! Voilà la vraie science morale. Dites-moi les progrès qu'on y a faits jusqu'à ce jour.

Certains moralistes vous disent : *Étouffez vos passions.* Mais les passions ne s'étouffent point. Pourquoi toujours des préceptes ? Prenez l'homme tel que la nature l'a fait, et avec l'homme, tel quel, composez une société plus supportable. — C'est impossible, dites vous. — Avant que les ballons fussent inventés, on disait de même : Il est impossible que l'homme franchisse l'espace des airs.

Un moucheron voltigeait autour d'une bougie ; il était attiré par sa douce chaleur, par sa brillante clarté ; il finit par y brûler ses ailes, et se débattant à terre, il se plaignait à Jupiter. — Le maître des dieux lui répondit : Pourquoi cette plainte insolente ? N'avais-tu pas le monde entier pour prendre tes ébats ? Pourquoi te précipiter dans la flamme ? — Pourquoi, répondit l'infortuné, pourquoi, grand Jupiter ! m'en donnas-tu l'envie ?

Un préjugé ne fausse pas le jugement sur un seul objet, mais sur tous. Si malgré le témoignage de ses sens j'enseigne à un enfant qu'un lapin est aussi grand qu'un mouton, et que par tous les moyens que me fournit l'habitude de l'obéissance, l'ascendant de l'âge, de l'instruction, de la force, des menaces mêmes, je parviens à le lui faire croire, son jugement est faussé, non seulement par rapport à la taille des moutons et des lapins, mais sur tout le reste. Rien ne lui paraît plus ni prouvé, ni vrai en soi-même ; son esprit est devenu plus timide, plus porté a admettre des faussetés.

Le jugement, comme toutes les autres facultés, se perfectionne par l'exercice. Veut-on l'avoir bon ? Il faut s'habituer à juger par soi-même. Un tireur d'arc pour acquérir le coup-d'œil, demande-t-il à une autre personne où est le but ? Le jugement gagne même lorsqu'il se trompe ; comme un enfant apprend l'équilibre, même lorsqu'il le perd. Voulez-vous rendre un enfant judicieux ? Laissez-le juger ; ne lui donnez pas des jugemens tout faits. Les peuples deviennent judicieux par des procédés analogues.

On peut faire des gorges-chaudes sur ceux qui se mêlent d'éclairer les nations. On peut même, selon l'occasion, leur faire avaler la ciguë ; mais en attendant les nations s'éclairent…

— Ah ! oui ! s'éclairent ! Vous verrez que mon cordonnier va devenir un savant !

— Eh ! non, vicomte, vous avez assez d'esprit pour savoir que cela -ne se peut pas. Ne prenez pas aux gens de bon sens, le ridicule de vouloir faire du monde un vaste Institut. Mais pouvez-vous ne pas vous appercevoir que peu à peu, l'on se forme de plus justes idées des choses, qu'on les voit mieux sous leurs véritables couleurs. Tout homme n'est pas appelé à s'occuper de tout, mais il connaît mieux les choses dont il s'occupe, ce qui importe à son existence, à son bonheur. Chaque jour contribue à mettre Les charlatans à leur place… Vous vous effrayez ?… — Rassurez-vous : ils ont le tems d'achever leur rôle.

De même que noua avons vu des erreurs remplacées par d'autres erreurs, elles peuvent être remplacées par des vérités ; et même beaucoup d'erreurs l'ont été ainsi. On croyait autrefois généralement la terre plate ; on s'imaginait que le soleil et le firmament tournaient autour de nous ; cette erreur n'existe plus et a été remplacée par la vérité. D'un autre côté, il y a des erreurs détruites qui n'ont pas été remplacées du tout. Les anciens prétendaient que le laurier écartait la foudre ; maintenant on n'attribue cette propriété à aucune autre plante. Les anciens se trompaient : voilà tout. On a donc vu des erreurs détrônées ; mais non pas des vérités. Nos trésors s'accroissent tous les jours ; et rien ne peut l'empêcher.

Une horloge allait mal, et son aiguille tantôt retenue par la rouille, tantôt accélérée par des rouages défectueux, montrait au hasard toutes les heures, hors la véritable. Néanmoins, fière de son assurance, elle se moquait d'une autre horloge sa voisine, vieille machine usée qui ne marquait rien du tout, et avait perdu jusqu'à ses aiguilles, « Considère mon importance, disait-elle ; « tout le monde me consulte ; on recours à moi dans toutes les circonstances critiques de la jour« née. L'un règle son aiguille sur la mienne ; l'autre court au rendez-vous que je lui indique ; tous me rendent grâces ; mais peur toi après qu'on a jeté sût ton cadran un œil dédaigneux, on passe son chemin. — L'autre horloge répondit : On peut me dédaigner ; mais je ne trompe personne. »

Un Indien rencontre un bramine et lui demande qu'est-ce donc qui supporte le monde ? — Ignorant, d'où sortez-vous ? C'est un éléphant. L'orgueilleuse philosophie vous laissait dans l'incertitude, et moi je vous dis la vérité du premier coup. — Et l'autre de remercier comme s'il y avait de quoi.

Lorsqu'on est obligé de vivre avec les hommes, il faut prendre son parti de respecter beaucoup d'extravagances.

Les ames communes ne paraissent grandes que dans le succès. Il est si facile de briller quand on a obtenu un poste émirent ou qu'on vient de gagner une bataille ! Les grandes âmes ne le paraissent jamais tant que lorsqu'elles descendent. Quelle scène majestueuse que les adieux de Washington aux officiers de son armée, lorsqu'il retourna chez lui simple particulier après la guerre de la révolution d'Amérique ! Le cour gros d'émotion, il serra successivement la main à tous les officiers, sans pouvoir proférer une parole ; et ceux-ci, étouffés par leurs larmes, ne purent exprimer davantage les sentiment dont ils étaient pleins. J'avoue que je préfère cela à une présentation officielle où des personnages de comédie viennent gravement prononcer des discours communiqués d'avance, et écouter des réponses dont ils ne croient pas un mot.

Et lorsque ce même Washington, après avoir pendant huit ans affermi la liberté de sa patrie, quitta là présidence où ? il avait été appelé, véritablement appelé, combien sa simplicité ne rehaussa-t-elle pas sa gloire ! Il remit solennellement dans la chambre des représentans, à John Adams, son successeur, l'exercice et les marques de son autorité ; et après s'être rendu à cette cérémonie dans un carosse à quatre chevaux, il se perdit a pied dans une foule immense où la reconnaissance publique eut de la peine à le découvrir pour lui payer le tribut spontané de ses acclamations.

Auprès de cela, quelles nausées ne donnent pas ces applaudissemens achetés par la police de Rome quand Néron paraissait en public.

On a dit que les voleurs craignent les réverbères : les usurpateurs et les tyrans les brisent. Quand l'imposture règne, la simple vérité est séditieuse.

Comme la peur est le plus grand supplice des tyrans, le crime le plus irrémissible à leurs yeux est de leur faire peur.

Rendre intéressans par la persécution des hommes qui ne le seraient pas par leur caractère, faute grossière en politique.

Ce qui devrait dégoûter de la flatterie et des flatteurs, c'est de voir que jamais les bons princes n'ont été loués autant que les mauvais. Tibère fut loué de ses mœurs, et Néron d'avoir égorgé sa mère. Ce qui valut le plus d'éloges à Louis XIV, à qui l'on en pouvait donner justement tant d'autres, ce fut la révocation de redit de Nantes.

La vérité seule est flatteuse, de même que la seule vérité peut faire outrage. Quel magnifique éloge que le vers de Turgot sur Franklin !

Eripuit cœlo fulmen, sceplrunique tyrannis.

Rien ne peut donner une idée plus haute de la capacité de son esprit, et en même tems de l'excellence de sa morale. Mais supposez que Franklin n'ait pas en effet arraché la foudre au ciel et le sceptre aux tyrans, cet éloge est moins que rien.

Je ne sais pourquoi ; mais cela porte malheur à la gloire des princes, d'être salués, de leur vivant, du nom de grand. Alexandre-le-Grand ne passe plus que pour un grand fou ; à peine sait-on à présent que François Ier, roi de France, fut appelé généralement François-le-Grand jusqu'à sa mort ; Louis-le-Grand est redevenu Louis XIV, heureux si nos neveux ne l'appellent pas Louis-le-Fastueux ; Frédéric-le-Grand commence à redevenir Frédéric II, roi de Prusse… Je vous fais grâce des autres. Quelques uns n'ont pas attendu leur mort pour être dégalonnés.

La simple droiture et les bonnes intentions dans les rois, dans les chefs des nations, sont par elles-mêmes une si excellente chose, qu'elles ont suffi pour faire des grands hommes. Otez cela à Henri IV, et ce n'est plus qu'un officier galant et brave. Mais sans l'amour du bien public, qu'il faut de talens et de circonstances favorables pour faire, je ne dis pas un grand homme (il n'en est point sans l'amour du bien public), mais seulement un grand personnage !

Il est bon de songer à soi, mais il est odieux de ne songer qu'à soi.

Dans les affaires de politique ou de commerce, dans la vie civile, un usage modéré du crédit l'augmente, un usage immodéré l'énervé. Il est comme l'aimant ; il est comme la plupart de nos facultés physiques et morales. Elles se fortifient en s'exerçant, mais s'affaiblissent lorsqu'on en abuse.

Dans les desseins méprisables, les moyens odieux font horreur. Si le but est généreux, tout se pardonne. Aussi est-il plus facile de faire le bien que le mal, et bien bêtes sont ceux qui, placés pour le faire, en laissent échapper l'occasion.

J'ai vu des gens qui se piquaient de négliger les petites choses, et je n'ai pas vu qu'ils se tirassent beaucoup mieux des grandes.

Certaines personnes craignent de blâmer les méchans lorsqu'ils sont en pouvoir, et s'en font scrupule lorsque leur règne est passé ; mais d'où vient se font-ils aussi scrupule d'applaudir au bon sens et aux droites intentions ?

Si quelque chose peut faire excuser le crime, c'est le besoin. D'où vient donc votre indulgence pour Ces grands scélérats qui n'ont aucun besoin, pour qui le bien est si facile à faire, et qui font le mal ?

En morale, comme dans la jurisprudence criminelle, on est souvent absous par l'intention ; autrement pourrait-on justifier Pascal, le sévère Pascal, d'avoir dit qu'*il faut avoir une pensée de derrière et juger*

de tout par là, en parlant cependant comme le peuple. *Il semble conseiller la fausseté, l'hypocrisie, et il en est bien quelque chose ; mais le motif peut être honnête et la nécessité l'absout. En effet si voulant le bien, on disait de prime-abord où l'on veut aller et par quelle voie, on donnerait trop beau jeu aux intérêts qui craindraient d'être froissés, ou à l'ignorance qui ne connaît pas ses vrais intérêts. Il faut donc cacher son jeu même pour faire le bien. Voilà la* pensée dederrière *de Pascal. C'est la faute des sots et des pervers.*

Un écrivain dont les idées sont faites et arrêtées, circule toujours entre la crainte de n'être pas assez compris et celle de l'être trop.

Tout peut se dire, répète-t-on sur la foi les uns des autres ; la manière fait tout passer. C'est vraiment une belle faculté que de pouvoir hasarder en tremblant une vérité honteuse, dépouillée de ce qui fait son éclat et sa force, comprise seulement des hommes qui n'en ont pas besoin, et inattaquable par le pouvoir, parcequ'elle est hors de la portée de la sottise !

En affaires, l'essentiel est de prendre un parti quel qu'il soit. Sans doute il vaut mieux prendre le bon ; mais c'est une considération secondaire. Le cachet de la médiocrité en tout genre est de ne savoir pas se décider. Ainsi, quelque paradoxale que semble la proposition, on est bon administrateur par cela seul qu'on ne laisse rien en arrière ; on est un grand prince par cela seul qu'on dit : *Il faut que cela soit ainsi.* Mais l'excellence, en se décidant vite, est de prendre le meilleur des partis et de savoir s'y tenir.

Tenir à un parti pris, parcequ'il est pris, c'est opiniâtreté. Y tenir parcequ'il n'y en a pas de meilleur à prendre, c'est fermeté.

L'attention du public n'est pas inépuisable ; elle ne peut se fixer sur un objet qu'aux dépens d'un autre. Les momens qu'on donne à discourir, à lire et à penser, à l'occasion d'un procès scandaleux, d'une calamité, d'un conquérant, sont des momens ravis à l'instruction d'un peuple, aux occupations utiles, à l'encouragement des lettres, et à l'admiration des belles actions.

On trouve de ces gens qui vous avouent bonnement qu'ils ont fait une bassesse pour obtenir un emploi, et qu'ils ont commis ensuite des iniquités pour en tirer parti. C'est une espèce de cynisme politique bien autrement scandaleux, bien autrement coupable, que celui de ce pauvre Diogène.

Au milieu de la foule, il y a un petit nombre de gens qui veulent être des sages, que l'on regarde comme des fous, et auxquels on jette des pierres. Ils sont persécutés des uns parcequ'ils n'épousent pas leurs haines, des autres parcequ'ils ne partagent pas leur enthousiasme. On en a même vu monter à l'échafaud parcequ'on voulait qu'ils admirassent, et qu'ils ne savaient qu'apprécier.

On veut être apprécié ; mais on n'aime pas a être apprécié tout juste ce qu'on vaut.

Pourquoi les principes qu'on professe influent-ils si peu sur la conduite ? C'est parcequ'il faut une fermeté extrême pour agir d'après des principes. Or la fermeté est une qualité rare. Le commun des hommes agit selon l'instinct du moment, ou selon l'habitude qui est l'instinct de tous les momens.

Depuis plusieurs années, par de profondes méditations, je cherche vainement à découvrir lequel des deux est le plus ridicule d'un grand benêt, dans la force de l'âge, disant, à deux genoux, ses patenôtres dans une église d'Espagne ; ou bien d'un bourgeois affublé d'une peau d'ours sur la tête, d'une moustache postiche, et se croyant un sapeur.

Entre l'enfant qui bat le tambour qu'on vient de lui acheter à la foire, et l'officier qui, fier des épaulettes dont il a reçu le brevet, promène à pied ses éperons en usant le pavé du bout de son sabre, la différence n'est pas si grande que beaucoup de gens voudraient nous le faire croire.

Tatouage[1] des sauvages de la mer du Sud, *moustaches* des sauvages d'Europe ; même chose. Hélas ! quel homme est en droit de se moquer d'un autre ?

Honneur, l'un des sobriquets de la vanité : au pluriel c'est encore pis.

Plusieurs voies conduisent aux honneurs : d'abord les actions honteuses… — Ensuite ?… — Laissez-moi le loisir de chercher.

Tout le monde entend ce que c'est que le courage militaire, ce courage qui fait braver le danger dans les combats, et même qui fait supporter les maux et les fatigues de la vie militaire. Les mots *cou-*

1 Ce sont ces peintures baroques dont se barbouillent les sauvages.

rage civil présentent des idées un peu moins claires. Celui-ci est ce courage qui dans les diverses situation où l'on peut se trouver dans la vie sociale, nous porte à sacrifier volontairement la sûreté de notre vie, et les agrémens de notre position, notre réputation, s'il le faut, nos espérances, enfin tous les avantages sociaux auxquels nous pourrions prétendre.

L'un et l'autre courage peuvent être inspirés par de nobles motifs, ou simplement par nos passions ou par nos vices. On voit des hommes hasarder leur vie dans les combats pour défendre leur pays, et d'autres pour soutenir un tyran qui les paie, d'autres encore par un *point d'honneur* qui n'est qu'une vanité puérile, lorsqu'il n'a point un but utile. On a vu des hommes déployer un grand courage civil dans la défénse de la plus noble des causes, et d'autres par un simple esprit de parti, ou par une opiniâtreté que rien ne justifiait. Le tribun Métellus s'opposant à la spoliation du trésor public par César, et Caton défendant pied à pied la liberté de Rome contre le même usurpateur, ont montré du courage civil. Sully déchirant, en présence d'Henri IV, la promesse de mariage que ce prince allait donner à Gabrielle d'Étrées, a fait preuve du même courage. L'un et l'autre étaient animés du plus noble motif. Le théologien Lambert, qui se fit brûler à l'appui de la thèse qu'il avait soutenue contre le roi d'Angleterre Henri VIII, n'était qu'un entêté.

Le courage militaire et le courage civil peuvent être prodigieusement utiles à la société. La valeur des soldats, lorsqu'ils sont citoyens, sauve un pays de l'invasion, de la dévastation, de l'asservissement, de l'avilissement. La fermeté d'un magistrat le préserve également. Mais il y a cette différence que le courage militaire, qui est utile dans de rares occasions, est fréquemment dangereux ; il a causé, depuis le commencement du monde, plus de maux qu'il n'en a prévenu ; tandis que le courage civil, qui a souvent été funeste à celui qui en a donné des exemples, n'a jamais été fatal à la société. Quel mal peut faire un homme dont le courage n'est pas de massacrer, de ravager, de dompter, mais de périr.

Une société qui connaîtrait ses vrais intérêts, ne distribuerait donc jamais son admiration, ses décorations, et ses récompenses, au courage militaire,[1] mais au courage civil.

1 Quand un peuple ai besoin de la liberté et de l'indépendance, les milices ont toujours suffi pour la défense de son territoire. Sauf de très petites nations qui n'étaient

On peut connaître qu'une nation est plus ou moins avancée dans la civilisation selon qu'elle estime plus ou moins le courage civil, et méprise l'autre davantage. De tous les hommes c'est le sauvage qui fait le plus de cas de la bravoure.

Les hommes de toutes les époques se ressemblent. L'histoire n'est pas utile parcequ'on y lit le passé, mais parcequ'on y lit l'avenir.

Vous êtes fier que votre gouvernement lève de grosses armées, recule ses frontières, dicte des lois au loin. Insensé ! en êtes-vous plus riche et plus heureux ? Les simples citoyens disparaissent dans ces énormes masses qu'on appelle de grandes nations. Ils ne sont plus que des gouttes d'eau entraînées dans le vaste courant d'un fleuve, et qui, bien loin d'influer sur son cours, ne peuvent pas même y être apperçues.

Lorsque les Français s'emparèrent de Genève et détruisirent son indépendance, les aigles représentées dans les armoiries de cette république, et qu'on gardait dans une cage à l'entrée du port, furent lâchées et s'envolèrent ; on ne voulut pas que les vainqueurs pussent en faire trophée. La liberté avait rendu ces aigles esclaves ; l'esclavage les rendit libres. Qu'avaient-elles fait pour être mises en cage ? Qu'avaient-elles fait pour être renoues à la liberté ?

Le gros des nations n'est-il pas, à certaines époques, traité de la même façon ?

Acéphale prend un cocher qui le verse dans un fossé à gauche du chemin. Il se relève un peu meurtri, et change de conducteur. Celui-ci le verse à droite :*Ho, ho !* dit-il… *il n'y a pas de route.* Acéphale, la route existe ; elle est belle ; mais tu prends de mauvais cochers.

---

que des peuplades, on ne s'est jamais rendu maître que des nations qui avaient déjà des maîtres ou qui n'étaient pas dignes de n'en pas avoir. Les armées régulières sont donc peu utiles aux nations, quoique fort utiles aux despotes ; et même celles qui ont été utiles aux nations, leur sont toujours devenues funestes aussitôt après, comme les armées grecques d'Alexandre, celle de César, celle de Cromwell, et d'autres plus modernes.

On a vu des hommes au sommet du pouvoir, ne rien faire pour l'humanité et pour la vraie gloire, parcequ'ils méprisaient l'humanité et l'opinion des hommes. Ils jugeaient tous les hommes d'après eux-mêmes ou tout au plus sur de mauvais échantillons. Présentant des appâts à toutes les passions viles, toutes les passions viles ont volé vers eux ; et ce qui les entourait était pour eux le monde. Mais le monde était ailleurs que dans leur mascarade. On a pu les comparer à ce rocher qui, préoccupé de l'idée qu'il allait percer un nuage, est allé se briser contre un rocher.

L'ambition, comme la colère, conseille toujours mal.

Que ce morceau de Juvénal est beau où il montre combien il y a d'hommes qui auraient été heureux de mourir plutôt ! Priam, Annibal, Marius, Pompée

Quels sont les princes qui peuvent se vanter d'avoir été portés au timon de l'état par leur habileté seulement ? Quand ce n'est pas le hasard de la naissance, n'est-ce pas le hasard des événemens ? n'est-ce

pas sur-tout par les sottises de leurs devanciers, ou par leurs crânes ? Pensez-vous bonnement que le lâche et médiocre *Octave* fut devenu *Auguste*sans l'avide ambition de Sylla, de César, sans la férocité de Marius, la mollesse d'Antoine, et la bassesse des nobles et du sénat ? Venez aux tems modernes : Washington excepté, qui pouvait être prince par le seul ascendant de ses talens et de ses vertus, quel gouvernement ne doit pas ses premières, ses seules actions de grâces aux fautes d'autrui, qui lui ont valu le pouvoir ?

La fortune, de même qu'un ballon aérostatique, peut bien élever un prince très haut ; mais pour être soutenu à cette élévation, il faut qu'il se pose sur une base. Or cette base, quand les nations s'éclairent, c'est la bonne foi : ce sont les intérêts nationaux. Les conseillers qui tiennent un autre langage, sont des conseillers dangereux.

Est-il impertinent de penser que, dans les troubles politiques, les doucereux sont plus funestes par leur astuce, que les fur jeux par leurs excès ? Un torrent passe, mais une tache d'huile, étroite en commençant, gagne par degrés, s'étend ; perce l'étoffe, parvient à tout, et finit par faire une souillure énorme, solide, durable, dont on ne peut se débarrasser.

Pour peu que l'on continue à donner le nom de grands-hommes aux dévastateurs de l'espèce, on va rendre ce mot odieux. Celui de héros est déjà presque ridicule. Le véritable grand-homme est l'homme qui devance son siècle, en quelque genre que ce soit, qui lui fait faire quelques pas en avant. Que dirons-nous de ceux qui ne peuvent pas le suivre ?

Il y a des personnes que le ciel a douées pour les grands, d'une jalousie involontaire, invincible, inépuisable, que ne peuvent désarmer ni le caractère le plus noble, ni les desseins les plus purs. Les grands sont-ils affables, humains, désintéressés ? c'est par ambition. Font-ils une belle action ? pur charlatanisme. Ont-ils une grande pensée ? elle ne vient pas d'eux. Que faut-il donc, messieurs, qu'ils fassent pour vous satisfaire ? Il faut qu'ils tombent dans l'infortune. Je m'en doutais.

Il y a des personnes que le ciel à douées d'une affection vive, sincère, dévouée, pour les riches et les puissans. À les entendre les dépositaires du pouvoir n'ont jamais une intention perverse ; ils ne font que de belles actions et ne disent point de sottises. Accuse-t-on devant ces personnes un grand de vanité y d'ambition, d'avidité sordide, de basses complaisances, c'est une calomnie à coup sûr ; ou, si le fait ne peut être nié, on aura surpris leur religion ; de mauvais conseils auront détruit le fruit de leurs bonnes intentions. Ce n'est pas seulement en leur présence qu'on en dit du bien ; c'est par-tout. Que dis-je ? On le pense dans le secret de son cour... Vous souriez : vous croyez, je le vois, que cette grande chaleur d'amitié qui vient à point quand la puissance arrive, et qui s'en va de même, est jouée, qu'elle est le résultat d'un calcul personnel... Détrompez-vous : c'est une affection véritable ; elle est désintéressée... Oui,désintéressée : elle a lieu pour les puissans même de qui l'on n'a rien à espérer, rien à craindre. Et du moment qu'ils sont tombés, l'indifférence, qu'on éprouve pour eux, est réelle ; on se la reproche ; on la déguise ; mais elle y est. On affecte bien encore pendant quelque tems de l'attachement ; mais c'est par décence ; et l'on joue gauchement un sentiment qu'on n'éprouve plus.

Les mêmes personnes se trouvent tout naturellement animées d'une sainte colère contre les imbécilles, les téméraires, j'allais dire les coquins qui ne réussissent pas. — Mais un tel soutenait la cause de la justice et de l'humanité… — De quoi se mêlait-il ? — Il devait s'attendre à être secondée. — Il ne l'a pas été : cous voyez bien qu'il avait tort. — Et voilà mes gens fiers de ne s'être pas compromis, comme s'ils avaient fait la plus belle action, et d'être venus au secours du plus fort, comme s'ils avaient sauvé la patrie.

Ces gens vous paraissent un peu bas et un tant soit peu ridicules… Hé bien, la partie hébétée du public les approuve, et décore du nom de bonne conduite, une conduite qui lui est si funeste.

On aime un peu les gens qui sont bons ; on aime beaucoup ceux qui pourraient être méchans, et qui ne le sont pas. Donnez-moi le pouvoir de faire du mal : en me croisant les bras, je vais me faire adorer ; on fera peut-être un poème épique en mon honneur.

Quand on est puissant, il faut être bien peu bon pour être excellent, et bien peu beau pour être divin.

L'estime est contagieuse, ainsi que toutes les autres affections de l'ame.

Un homme faible et doux, à genoux devant la faveur, abonde dans le sens de l'homme en pouvoir. Celui-ci guerroie, massacre, veut tout réduire par la force ; le courtisan, par suite, soutient, défend les mesures les plus violentes, les plus féroces ; il fait le téméraire. J'ai vu la chose ; et il m'a semblé plaidant d'entendre l'homme le plus doux et le plus doucereux, tenir le langage d'un capitaine de housards, le tout par faiblesse et pour n'avoir pas le courage de dire : Cela est odieux, quoiqu'il le pensât.

C'est une grande sottise dans une nation, de ne savoir pas tout bêtement mépriser ce qui est méprisable, et haïr ce qui est haïssable. Un peuple qui ne saurait haïr ni mépriser, serait digne d'être gouverné à coups de pieds au cul.

La faiblesse n'ose pas entreprendre le bien et laisse faire le mal. Dans un homme public elle est une lâcheté.

Il est un pays sous le quarante-neuvième parallèle où l'on cède de bonne grâce à la force, et où l'on dispute toujours contre la raison.

Faites-moi un tyran aujourd'hui, et je me charge de vous trouver demain des avocats pour justifier ses opérations, des bourreaux pour exécuter ses ordres, et des feseurs d'acrostiches pour célébrer ses vertus.

Artiste en peinture, artiste en architecture, artiste en science, artiste en théologie, c'est tout un. Ils peuvent à la rigueur se croire honnêtes gens et travailler de leur métier pour celui qui les paie. Est-ce leur faute si l'on tourne de bonnes choses à mauvaise fin ? En littérature et en philosophie, il n'en est pas tout-à-fait ainsi : il faut sous les tyrans professer ce qu'on sait être faux, soutenir ce qu'on sait être mauvais, et diffamer ceux qu'on estime : c'est une grâce que le ciel accorde à quelques artistes en littérature, et qu'il refuse impitoyablement aux hommes qui réunissent la droiture aux talens.

Une multitude de personnes, et même de personnages, parcequ'ils sont au-dessous de tout, ne peuvent jamais comprendre qu'on soit au-dessus de quelque chose.

Les qualités qui font réussir en administration, en affaires, sont une imagination féconde en ressources ; un jugement sain qui indique celles qu'il faut employer ; l'activité qui rie perd aucun instant et saisit l'occasion ; la persévérance qui ne se rebute pas des obstacles ; et le courage qui les surmonte.

Or tous ces moyens de succès peuvent être employés dans un mauvais but, ou bien dans un bon. Celui qui les emploie à satisfaire des vues personnelles et funestes à la société, est un intrigant, quelque soit le poste où il est monté, fût-dé un trône. Celui qui les emploie pour le bien de l'humanité, ou seulement d'une nation, est un grand homme.

Les nations qui se comptent pour quelque chose, applaudissent, secondent les grands hommes, et les font naître ; les autres font naître des intrigans.

Les grandes entreprises se présenttent de loin comme ces chaînes de montagnes que le voyageur voit longtems à l'avance. Il n'en aperçoit pas d'abord toutes les aspérités ; mais à mesure qu'il s'en approche, il en mesure avec une sorte de terreur l'élévation et l'escarpement ; il y voit des forêts coupées de ravins, des chemins bordés de précipices, des ponts dangereux, et des descentes hasardeuses ; mais quand on est parti, que faire ? Il faut arriver.

En Suisse, entre le lac de Neufchâtel et celui de Genève, on voit une fontaine dont l'eau se sépare et coule partie au nord, partie au sud. L'eau du nord joint un ruisseau qui se rend dans le lac de Neufchâtel,

dont les eaux vont se perdre dans le Rhin et dans la mer d'Allemagne. L'eau du sud gagne le lac de Genève, c'est-à-dire le Rhône qui court vers la Méditerranée. Lorsque je passai près de cette fontaine, on m'instruisit du sort réservé à chaque moitié de ses eaux. Je ne pus m'empêcher alors de la considérer et de réfléchir… Quand nous arrivons dans ce monde, à quoi tient notre destinée ? À tout aussi peu de chose. Le hasard nous jette de ce côté-ci, de celui-là, comme il fait cette onde ; et notre sexe, notre condition, notre vie entière, dépendent de la droite ou de la gauche. Alors, voulant jouer le rôle du destin, je pris orgueilleusement dans ma main de l'eau qui s'échappait vers la Méditerranée, et la jetant de l'autre côté : *Va*, lui dis-je, *va te perdre dans la mer du Nord*. Et elle y alla, sans prévoir mieux que nous autres, où sa route la conduisait.

Il faut bien que ce ne soit pas une chose si difficile que de mourir. Car la plupart des hommes, qui sont d'ailleurs si médiocres, se tirent assez passablement de ce mauvais pas. Sur dix hommes que vous placerez dans descirconstances ce sera un bonheur s'il s'en trouve un qui ne se conduise pas comme un lâche, ou du moins par des vues étroites et personnelles qui font pitié. Hé bien, sur dix hommes, à peine en compterez-vous un qui meure comme un sot.

J'ai beaucoup aimé la lecture des voyages lointains ; ils m'attristent maintenant. Ce sont des archives d'infortunes. Ils avertissent trop de la perversité native de l'homme. C'est toujours avec défiance que le voyageur, se présente à des hommes nouveaux ; c'est presque toujours avec défiance qu'il est reçu d'eux. C'est un grand bonheur si l'on ne se bat pas, avant de se connaître.

Devient-on amis, l'on se dupe ; des mésentendus surviennent, des batailles, du sang. À la grande louange de la civilisation, les voyages sont d'autant moins funestes, que le peuple qu'on visite, est moins sauvage ; et nulle part on n'est plus en sûreté, ni mieux pourvu contre tous les besoins, que chez les nations où la civilisation est plus avancée, c'est-à-dire chez celles qui savent être libres, industrieuses et pacifiques ; mais combien y en a-t-il ?

Les voyages ne servent de rien aux personnes à qui l'éducation manque tout-à-fait : elles ne sont point habituées à s'élever d'une observation particulière à une pensée générale. Ils sont facilement, suppléés par les esprits supérieurs ; la lecture et la conversation les mettent en contact avec tous les pays, comme avec tous les tems. Mais à qui les voyages sont utiles, c'est aux esprits ordinaires dont ils font toute la philosophie, parcequ'ils présentent des objets sensibles à des gens qui ne savent pas faire usage de l'induction, et qui ne considèrent les raisonnemens que comme du bavardage, parceque les mots n'ont pas le pouvoir de les faire penser.

Il s'est fait plusieurs révolutions à cause des finances, à commencer par celle des États-Unis qui date de l'impôt sur le thé. Il s'en fera d'autres encore… — Hé bien, qu'en voulez-vous conclure ? Donnez-nous un moyen de les prévenir. — Le moyen est simple ; il est tout trouvé ; mais je n'ai garde d'en parler. — Pourquoi donc ?

— Parceque rien n'est sot comme de donner un conseil que personne ne voudra suivre. — Mais encore ? — Tenez : il n'y a qu'un mot qui serve : on veut consommer à force de sottises, ce que nous ne pouvons produire[1] qu'à force de peines. Ajoutez à cela quelques accessoires ; faites passer la scène où bon vous semblera ; donnez les noms aux personnages ; brochez les intrigues, et... le dénouement sera toujours le même.

Quand on voit l'impéritie et l'improbité avec lesquelles les affaires sont menées à certaines époques, et au contraire le grand nombre de beaux talens et de nobles caractères qui se manifestent en d'autres tems, on serait tenté de croire que la nature est inégale dans ses dons. Rien n'annonce pourtant qu'elle se démente quand les circonstances et le climat sont les mêmes. Faut-il dire ce que j'en pense ? Aux époques où l'on apprécie les nobles qualités, elles se développent et se manifestent. Quand au contraire il n'y a ni du pouvoir, ni de la fortune, ni même... (et c'est là qu'est la honte), ni même des applaudissemens pour les belles et bonnes actions, elles sont étouffées dès le germe. Un champ où l'on ne cultive plus le blé, est envahi par les ronces. Il est donc essentiel qu'on parvienne généralement, parmi les nations, à comprendre tout l'avantage qu'on retirerait de la culture des céréales politiques, plutôt que de l'envahissement des chardons.

Il y a parmi les hommes une sorte de solidarité qui fait qu'on est fier quelquefois<, et souvent honteux, d'être de l'humanité. C'est ce que sentait le comte de Montécuculi, rival de Turemme et digne de l'être puisqu'il sut l'apprécier, lorsqu'il dit en soupirant de la mort de ce guerrier citoyen : *Il fesait honneur à l'homme.* Ne dit-on pas de beaucoup d'autres qu'ils sont *la honte de l'humanité* ? Mais d'homme à homme, on ne peut se vanter, ni rougir, comme de nation à nation. Il y a dans ce cas-ci une solidarité plus étroite. On est plus fier d'une qualité, on rougit davantage d'un travers qui ne sont point partagés par d'autres nations. C'est encore plus

1 Si quelqu'un me demandait l'explication de ces mots produire et consommer, je serais obligé de le renvoyer à une petite définition en deux volumes, que j'en ai donnée, sous le titre de *Traité d'économie politique, ou simple exposition de la manière dont se produisent, se distribuent et se consomment les richesses.*

sensible de province à province, de famille à famille. La solidarité plus réduite, marque davantage.

Quand on sort de lire les vies de Plutarque, on est fier d'être homme. Lorsqu'on sort de lire les Maximes de La Rochefoucauld, on en est honteux. La Rochefoucauld fut dans sa jeunesse un intrigant politique ;

un homme de bonne société et de mœurs douces plus tard ; un homme d'esprit dans tous les tems ; mais un grand caractère, jamais.

Les hommes sont faits de même sorte, mais leur naturel se manifeste de différentes façons. La vanité du Sauvage consiste à se montrer la figure et le corps bien barbouillés de taches indélébiles, avec de belles plumes à la tête, au derrière. La vanité de l'Italien consiste à placer, s'il peut, des galons sur les mêmes endroits. La vanité de l'Anglais et du Turc gît à ne point compromettre leur dignité nationale ; à s'enfoncer dans leur morgue et leur gravité ; et sur-tout à ne jamais laisser croire que vous puissiez leur être utile, ou les instruire, où les amuser. Ils disent et même pensent du mal des étrangers ; ce qu'il y a de louable chez les étrangers, est toujours du moins fort au-dessous de ce qui se fait chez eux-mêmes : silence dédaigneux, grandes enjambées, sans faire attention à ce qui se passe à côté d'eux. La vanité du Français n'est pas si exclusive. Sans chercher à humilier les autres, il aime à faire valoir les avantages qu'il a, quelquefois même ceux qu'il n'a pas ; et s'il est convaincu de fanfaronade, il en rit le premier, pourvu que vous n'affectiez pas de le rabaisser. Rendez justice à sa bravoure, et tout vous sera pardonné.

Milord, pensez-vous que le dédain anglais soit beaucoup plus facile à supporter que la jactance française ?

Après avoir pesé les biens et les maux de la vie, on a ingénieusement prouvé l'égalité des conditions ; on a prouvé ce qui n'est pas : c'est-à-dire qu'un gueux rongé d'ulcères et de vermine, manquant de tout, est aussi heureux qu'un propriétaire campagnard qui possède trente mille francs de revenu.

Pour ne point sortir du vrai dans cette question, il me semble qu'il faut se réduire à cette considération : L'homme ne jouit que par l'exercice modéré de ses facultés ; or les facultés de chaque individu sont bornées à un petit nombre : nul n'a deux estomacs pour digérer : les plaisirs les plus délicieux ne peuvent se renouveller qu'un certain nombre de fois ; donc les moyens de jouir sont également bornés pour tout le monde.

Mais le nombre des facultés humaines, quoique nécessairement borné, est plus ou moins étendu selon les conditions, les caractères, les talens et le degré de civilisation où l'on est. Le judicieux emploi qu'on en fait les étend ; la culturede l'intelligence les multiplie. De là des facultés nouvelles et par conséquent de nouveaux moyens de jouir. La culture des lettres, par exemple, procure des plaisirs dont le manant grossier n'a pas la moindre idée. On jouit de l'influence qu'on exerce par ses talens comme par son pouvoir. Ce sont des facultés dont l'usage est une jouissance ; et ceci nous montre en passant quel mauvais calcul c'est, de faire un mauvais usage de son pouvoir et de ses talens. On sappe sa propre influence et l'on altère les moyens qu'on a de jouir.

Le bonheur ne se compose pas seulement de jouissances : il dépend aussi de l'absence des maux ; et peut-être y a-t-il plus de manières de souffrir, au moral et au physique, qu'il n'y a de manières de jouir. Aussi est-ce là, si je ne me trompe, qu'il faut chercher les plus grandes inégalités dans le sort des humains.

DIALOGUE.

MONDOR.

Je m'ennuie.

UN AMI.

Je le crois bien.

MONDOR.

J'ai pourtant beaucoup de richesses ; chacun est empressé de me plaire ; mes désirs sont satisfaits aussitôt que formés ; il n'y a pas un artisan qui ne mette son esprit à la torture, pour natter ma sensualité. L'artiste s'évertue pour m'amuser de sa musique, de ses peintures, de son architecture, de sa déclamation. Je ne devrais pourtant pas m'ennuyer.

L'AMI.

Pauvre Mondor !

MONDOR.

Pauvre ! Cette épithète m'est nouvelle.

L'AMI.

Vous êtes passif en tout cela.

MONDOR.

Qu'appellez-vous passif ?

L'AMI.

Vous attendez les impressions ; vous ne les faites pas naître.

MONDOR.

Sans doute ; mais n'est-ce donc pas en recevant des impressions agréables qu'on est heureux ?

L'AMI

C'est tout le contraire. Le musicien qui vous joue un air, l'auteur qui fait le roman que vous devez lire, ne s'ennuient pas, eux, parceque leurs facultés sont exercées ; le désir du succès les tient en haleine ; leur amour-propre, leur bien-être, leur fortune sont intéressés à l'issue de leurs efforts. Faites, au lieu de vous laisser faire, et l'ennui épouvanté se sauvera de chez vous.

On a dit bien souvent que chaque ouvrage de littérature, une comédie, un conte, un roman, devait porter avec soi sa moralité ; cela est fort désirable en effet, quoique le but principal des beaux arts paraisse être d'émouvoir pour plaire. Si c'est on mérite d'amuser, de plaire aux hommes en réveillant en eux le sentiment de leur existence, c'est un mérite encore plus grand que de corriger en amusant. Je voudrais seulement savoir si l'on se fait une juste idée de la moralité qui convient à un ouvrage de littérature.

Lorsque je demande ce qu'on entend par un ouvrage moral, on me répond que c'est un ouvrage où le vice finit par être puni, et où la vertu reçoit sa récompense. Cela paraît tout simple. Si pourtant cela ne corrigeait personne, où serait la moralité ? Voyez, observez, réfléchissez. Le méchant qui est dans le monde, que pense-t-il en voyant son confrère le méchant du théâtre ? Selon lui, c'est un sot que l'auteur a fait tomber dans un piège pour complaire à la bonhommie du public. S'il gagne quelque chose à cet exemple, c'est un peu plus d'adresse pour éviter de devenir lui-même la fable des honnêtes gens. Quant aux personnes vertueuses, lorsqu'elles voient, à la fin d'un cinquième acte, la vertu récompensée et le vice confondu, elles disent en soupirant : *C'est bon pour le théâtre, ou bien pour les romans ; mais ce n'est pas là l'histoire du monde.* Et le monde va comme devant.

Il est satisfaisant, j'en conviens, de voir, même en fiction, les méchans punis : cela réjouit l'âme ; et j'aime l'auteur qui me procure cette petite satisfaction, à défaut d'une plus réelle ; mais un littérateur habile, pour être vraiment moral, sait employer d'autres moyens.

Voyez Molière ! s'il a gâté le métier des tartuffes, pensez-vous que ce soit en fesant intervenir, au dénouement, le grand monarque, qui vient comme un dieu dans une machine, retirer la famille d'Orgon du désastre où l'a plongée l'imbécillité de son chef ? Si l'échafaud n'effraie pas les voleurs, pense-t-on que les lettres de cachet feront trembler les fourbes ? Ils savent que cette foudre ne va pas mieux que l'autre choisir de préférence les méchans. Qui peut se vanter d'avoir rencontré des hypocrites corrigés ? Où trouverons-nous donc la moralité, l'utilité ? Le voici. On ne corrige pas les tartuffes, mais on diminue le nombre des Orgons. Les fourbes disparaissent, comme toute espèce de vermine, faute d'alimens. Croyez-vous qu'il y eût moins de tartuffes qu'autrefois, si nous avions autant d'imbécilles pour les écouter ?

Or c'est une utilité morale bien réelle qui résulte du chef-d'œuvre de Molière. Et remarquez que l'utilité morale ici ne vient point de ce que le méchant est puni ; au contraire : il ne le serait pas que la moralité serait bien plus forte. Qui peut nier que si Tartuffe en venait à ses fins, s'il réussissait à dépouiller la famille d'Orgon, à le mettre lui-même hors de sa propre maison, et à les faire tous passer pour des calomniateurs, on ne sentît bien autrement encore le danger de laisser s'impatroniser un directeur dans sa famille ?

Molière n'a pas préféré ce dénouement, non qu'il le jugeât immoral ; mais probablement parcequ'il craignait que tout cela ne sortît du genre de la comédie ; et la preuve, c'est qu'il a fait un dénouement de cette espèce, dans une autre comédie où l'offense n'a pas un caractère aussi grave. Il a humilié le bon sens et le bon droit ; il a fait triompher le vice et l'imposture : Georges Dandin demande pardon à sa femme infidèle, de l'avoir soupçonnée, quand ce ne sont plus seulement des soupçons qu'il a, mais une certitude. Aussi cria-t-on à l'immoralité, et l'on ne fit pas attention que si Molière eût confondu la femme au lieu du mari, sa pièce ne montrait plus les inconvéniens des mariages disproportionnés et n'avait plus aucune moralité.

Le même reproche fut fait à Voltaire au sujet de Mahomet. Les fanatiques ont de bonnes raisons pour vouloir que Mahomet soit puni. On pourrait croire alors que le fanatisme ne réussit pas quand il ose commander des forfaits.

Bien fou donc celui qui s'imagine, par des livres, corriger les hypocrites, les femmes galantes, les conquérans, les usurpateurs, les fourbes qui travaillent en petit, ou ceux qui travaillent en grand ; mais par des givres on peut corriger leurs dupes.

Que voulez-vous que fasse un charlatan politique, quand le grand nombre lui tourne le dos ? Qu'est-ce qu'un tyran réduit à lui même et à ses complices ? Que fera le vice, dites-le-moi, si l'on brise ses leviers et ses points d'appui ?

Voilà pourquoi tout ouvrage de littérature, quelles que soient sa forme ou sa couleur, qu'on l'ait fait pour la scène, ou pour la méditation, est utile du moment qu'il fait bien connaître l'homme et la société, du moment qu'il arrache les masques sous lesquels se déguisent le mauvais sens et les mauvaises intentions, du moment en un mot qu'il donne à la droiture, les avantages de l'habileté. La vertu des honnêtes gens n'est pas niaise et résignée : je me la représente, comme fesaient les anciens, sous les traits de Minerve : noble, sereine, douce ; mais armée.

ISBN : 978-1518650901

www.ingramcontent.com/pod-product-compliance
Lightning Source LLC
Chambersburg PA
CBHW062021280526
45787CB00005B/2191

* 9 7 8 1 5 1 8 6 5 0 9 0 1 *